축제인류학

차례
Contents

축제의 의미

천차만별적 기능

인류학적 전통에서 축제는 주로 광범위한 종교현상의 하나이거나 상징적 연행행위의 하나로 연구되었다. 그러나 한국에서는 최근에 이르러서야 축제현상 자체를 단순한 놀이거리 수준으로 파악하는 것을 넘어서서 중요한 문화현상 중의 하나로 인식하기 시작하였다. 최근에 와서는 주변에서 다양한 축제행사들이 흔하게 벌어지는 것을 보게 되었고, 월드컵 경기를 치르게 되면서 단순히 지나치기에는 축제적인 흥분이 상당한 파급효과를 가져온다는 사실을 체감하면서 축제현상에 대한 본격적인 분석의 잣대를 들이대기 시작하고 있는 상황이라고 볼 수 있다.

축제는 인간의 기본적 속성의 흐름을 차단하는 것을 파괴하는 것에서부터 시작한다고 볼 수 있다. 기득권적 권력, 불평등적 모순, 억압과 갈등, 어두움과 희미함을 걷어내고자 하는 것이 축제이다. 그래서 축제 속에서 인간은 끊임없이 파괴하고자 하며 스스로 모든 세속적인 허울과 위선을 벗어던지거나 모든 세속적 허상을 감출 수 있는 가면을 쓰고 변장을 하고 온몸에 그림을 그린다. 그러나 실제로 우리가 참여하고 관찰할 수 있는 축제들은 그 양상과 의미 그리고 그것들의 사회문화적 기능이 천차만별이라 그 모든 것을 한 그릇에 담고 분석적으로 설명하기란 사실상 불가능하다.

그럼에도 불구하고 현대 사회에서 축제가 중요한 의미를 가지는 것이 분명하다면, 어떤 식으로든 축제의 다양한 의미들을 해석하고 분류해야만 한다. 이 책은 이러한 문제를 해결하기 위한 일차적 작업으로서 현대 사회에서 흔히 접하게 되는 축제들이 과연 우리에게 어떤 의미로 받아들여지고 있는지를 구체적인 사례들과 함께 살펴보고, 그 축제들을 가능한 유형별로 분류해서 설명하였다. 우리 사회가 급격히 변화하고 있듯이 축제도 변화하고 있으며, 비일상적 시공간을 구성하는 축제는 바로 이 현 사회의 구조적인 시공간과의 관계 속에서 분석되어질 때에만 그 근본적인 의미를 이해할 수 있을 것이다.

축제의 종교적 기원

축제는 흔히 축(祝)과 제(祭)가 포괄적으로 표현되는 문화현상이라고 정의된다. 특히 고대 사회를 비롯한 전통적 사회에서 벌어지는 축제들은 성스러운 종교적 제의에서 출발하는 경우가 많기 때문이다. 예를 들면, 한국의 고대축제인 제천의례(祭天儀禮), 마야인의 신년의식, 페루의 태양제 등이 여기에 속한다.

고구려의 동맹(東盟), 부여의 영고(迎鼓), 예(濊)의 무천(舞天) 등과 같이 한국 고대 사회에서 연희되던 제천의례 또는 제천의식은 하늘을 숭배하고 제사를 지내는 종교의식으로서 일종의 추수감사제의 역할을 했던 것으로 보인다.

페루의 태양제는 잉카 제국 시대부터 내려온 태양신을 위한 제전이다. 이것은 잉카 제국 시절 가장 중요했던 의식으로 매년 6월에 개최되었다. 일년 동안 모든 농작물이 잘 자랄 수 있게 해 준 태양에 감사하며 다음 해에는 더 많은 수확을 거둘 수 있도록 도와 달라고 기원했던 행사였다. 오늘날에도 해마다 6월이 되면 과거 잉카 제국의 수도였던 쿠스코에서 태양제 의식을 갖는다. 잉카인에게 태양은 위대한 신이었으며, 절대적이며 숭고하게 추앙되었다. 축제가 시작되기 3일 전부터는 금식(禁食)이 실시되었다. 육체를 고통스럽게 하여 정신의 고양을 도모했던 것이다. 남자들은 여자를 멀리하여 육체의 정결함을 지켜야 했다.

축제 전야에는 숭고한 태양을 맞이하기 위한 준비 단계로 도시의 모든 불을 꺼 버렸다. 성직자들은 거룩한 행사를 위해 필요한 희생동물과 신에게 바칠 공물을 골랐다. 또한 태양의 시녀로 뽑힌 여자들은 각종 의식에 봉사하였으며, 옥수수 가루를 반죽하여 빵을 만들었다.

축제날 동틀 무렵 황제는 궁을 떠나 쿠스코의 행사장으로 가고, 그 뒤를 화려한 보석과 다양한 깃털 장식으로 치장한 귀족들이 엄격한 계급 순으로 따랐다. 수천 명의 관중·군인·귀족·고관들이 황제와 함께 태양이 떠오르기를 기다린다. 이윽고 태양이 떠오르면 군중들은 일제히 무릎을 꿇고 팔을 높이 치켜들어 찬양의 노래를 부른다. 엎드린 자세로 태양을 향해 절을 하고, 금팔찌를 바치고, 그 금에서 반사된 빛으로 무명천에 불이 붙는다. 황제는 금 술잔에 술이 넘치도록 따라 마시고, 나머지는 귀족들과 가족에게 나누어 마시도록 한다.

태양의 신전 안에는 황제와 그의 혈족만이 들어갈 수 있으며, 신전에서 황제는 성직자의 손을 통해 다양한 재물을 바친다. 태양의 신관은 살아 있는 야마(잉카인이 기르는 가축의 일종)의 배를 갈라 심장과 내장을 꺼내 제물로 바쳤다. 황제와 주변 신하들은 옥수수로 만든 빵을 흘러나온 야마의 피에 적셔서 먹었다. 이러한 희생 제물을 통해 잉카인들은 앞으로 다가올지도 모를 전쟁이나 평화, 농작물 수확 정도, 천재지변, 황제의 안녕 등을 예측했다. 곧 이어서 잔치가 벌어지고, 재물로 바친 내장과 고기를 구워 먹고 술을 마시며 9일 동안 축제

속으로 빠져들어간다.

이러한 축제를 통해 잉카인들은 그들의 조상을 모시면서, 그들의 현세적 안녕과 행복을 추구하는 의식과 축연을 베풀고 있다. 물론 잉카 제국 당시의 종교의식의 신성성이 현재는 상당히 약화되어 일종의 화려한 볼거리라는 의미가 첨가되기는 하였지만, 이 의식이 가지는 종교성은 현재까지도 면면히 이어 내려왔다고 볼 수 있다.[1]

물론 현대 사회에서 벌어지는 축제들은 민속이나 관습의 형태로 남아 있는 경우가 더 많지만, 고대 또는 전통 사회에서 축제는 종교를 중요한 토대로 삼아왔음이 분명하고, 비록 현재 이것이 실질적인 의미를 가지고 있지는 않다고 하더라도 축제를 이해하는데 반드시 고려되어야 하는 측면인 것은 분명하다.

종교는 성스럽고 궁극적인 가치와 연결되기 때문에 강력한 사회통합력을 가진 것이었다. 따라서 축제를 이해하기 위해서는 그것이 가지는 종교적인 의미와 기능을 고려하지 않을 수 없는 것이다. 특히 축제를 의미하는 'festival'은 성일(聖日)을 뜻하는 'festivalis'라는 라틴어에서 유래한 말로, 이것은 축제의 뿌리는 종교의례에 있다는 것을 말하는 것이다. 이러한 측면에서 축제는 성스러운 존재나 힘과 만날 수 있게 하는 의사소통 수단이 되는 것이다.

의례와 놀이로서의 축제

축제의 기원을 종교성에서 찾는 것에서도 잘 나타나는 바와 같이 기존의 대표적인 축제 연구들 또한 의례적인 관점에서 축제를 분석한 것을 많이 발견할 수 있다.

의례적인 관점에서 축제를 분석할 경우에는 축제와 의례와의 긴밀한 관계를 상정하지 않을 수 없다. 왜냐하면 의례는 한정된 시공간에서의 축제를 포함하고 있는 경우가 많으며, 축제 또한 의례적인 상황에서 시작하는 경우가 흔히 발견되기 때문이다. 우넨뷔르게(Wunenburger)[2]는 『축제와 놀이와 신성성』(1988)이라는 책에서 축제의 의례적인 성격을 고대적인 축제를 통해서 설명하고 있다. 그에 의하면 대부분의 축제는 특정한 복장이나 가면 등의 의례적인 특징을 드러내는 요소들을 포함하고 있으며 이러한 것은 의식이나 행렬, 음악, 춤 등을 통해서 특정한 형식을 따르게 된다고 보고 있다. 특히 이것은 계절적인 순환이나 종교의식, 특정한 역사적 사건의 기념식 등에서 보다 분명히 드러난다고 본다. 우넨뷔르게는 이러한 특징들이 모두 고대적인 제도적 형태에 기반하고 있으며, 해당 사회의 의례적인 상황들과 연결된 '신성한 놀이'로 설명될 수 있다고 보고 있다. 이러한 관점에서의 축제 연구는 자연스럽게 신화와 역사적인 사건과 연결될 수 있다는 것이다.

신성한 놀이로서 축제를 분석한 우넨뷔르게와 비교될 수 있는 연구는 파브르(Fabre)[3]의 카니발에 대한 연구가 있다. 그는 축제 연구를 역사적인 연구와 상징기능적 연구로 나누고, 역사적인 연구는 주로 중세 축제와 난장적인 축제 연구가 포함된다고 본다. 즉 특정한 사건을 통해 일상적인 흐름이 단절되는 경험과 금기가 해제되는 상황이 연출되는 축제가 여기에 해당될 것이다. 상징적 기능주의적 관점에서 축제를 분석할 경우에는 기존의 사회질서의 유지와 보존에 목적을 둔 축제가 연구 대상이 된다.

이와 관련해서 터너와 바흐친[4]의 연구가 중요하게 언급되고 있다. 특히 이들은 카니발의 반구조적 의례 이미지를 강조하고 사회구조와의 관계에서 카니발을 설명한다.

터너는 리오 카니발에 대한 연구에서(1983)[5] 사육제, 놀이, 혼돈 그리고 디오니소스적인 것들의 의미를 분석하고 있다. 터너에 따르면 하층이면서 복종적인 가난한 계층의 사람들은 상상력 속에서 공동체적인 '평등'과 사회적인 이동성을 추구하기 때문에 의례행위를 통해서 혼돈적인 잠재성을 표현한다고 본다. 이와 같이 사육제와 사육제적 주기를 중요한 사회적 변화의 시기에서 찾기 시작한 학자들은 바흐친의 사육제와 의례 연구를 자주 언급한다. 바흐친은 사육제적 이미지를 통해서 사회적 구조나 체계 그리고 사회관계가 현상적으로 드러난다고 보았던 것이다.[6]

베세네(Bessaigner)[7]는 고대축제들처럼 의례나 일상생활의 단절이라는 의미를 가진 축제들이 비록 그 숫자가 많지 않지만 원형적인 형태가 거의 변하지 않은 상태로 남아 있다고 보고, 성속의 구분에 기초한 일종의 의례적 사건이나 집단 상징으로 해석될 수 있다고 하였다. 이와 관련된 연구로 고르동(Gordon)의 연구[8]가 있는데, 그는 축제를 신성성이 부여되는 시간이라고 정의한다. 축제에 대한 이러한 정의는 인간을 신성한 수준으로까지 끌어올려서 초자연적인 것과 접촉하게 함으로써 원시적인 것에 인간의 사고를 통합시키는 것이다. 또한 구에스켕(Gueusquin)은 유럽의 전통축제에서 발견되는 가면에 대한 연구[9]에서 축제의 전도성을 강조하면서 축제는 주어진 시간 동안 사회적이고 일상적인 실체를 파괴하는 것으로 보았다. 이잠베르(Isambert)[10]는 축제는 종교적인 것이기 때문에 대중적 종교와의 관계없이는 설명될 수 없다고 보았다. 즉 신앙과 도덕은 종교적인 권위에 의해서 긴밀하게 통제되는 것이고, 축제를 통해서 사람들은 자신들의 종교적인 감성의 표현 형태를 가지게 된다고 보았다. 축제에서의 집단적인 고양에 의해서 신성한 경험에 도달할 수 있다고 본 것이다.

환타지의 추구 : 인간의 유희적 본성

네덜란드의 역사학자 호이징가(Huizinga, Johan)는 『호모 루덴스 *homo ludens*』라는 책에서 인간의 유희적 본성이 문화적으로 표현된 것이 축제라고 하였다. 놀이는 비일상적, 비생산적인 것이지만 일상과 생산을 위해서 필수불가결한 것이라고 보았기 때문이다.

호이징가의 견해를 더욱 발전시킨 미국의 신학자 하비 콕스(Harvey Cox)는 『바보들의 축제』[11]에서, 인간은 본질적으로 '사고하는 인간(Homo sapiens)'일 뿐만 아니라 '놀이하는 인간

(Homo ludens), 축제하는 인간(Homo festivus), 환상적인 인간
(Homo fantasia)'이라고 말하면서 "축제는 억압되고 간과되었
던 감정표현이 사회적으로 허용된 기회" 또는 "인간은 일상의
이성적 사고와 축제의 감성적 욕망 사이를 넘나들면서 경험과
인식의 지평을 확대할 수 있고, 또 그를 통해서 문화의 발달을
가져올 수 있는 것"이라고 보았다.

　놀이를 통해서 인간들은 기본적인 욕구충족의 충만함을 느
끼는 것뿐만이 아니라, 동시에 '더불어 재미있기' '재주를 칭
송받기' '승리의 기쁨 누리기' '규칙 습득하기' 등을 습득한다.
현실적 사회구조 속에 생존하는 자신의 존재는 가면놀이나 변
장을 통해서 환상과 꿈속으로 들어갈 수 있고, 현란한 춤과 과
감한 노출을 통해서 무한한 해방감을 느낄 수도 있다. 이 점은
자진해서 극도의 긴장 속에 들어가거나, 금방 쓰러질 듯한 어
지러움증을 즐기면서, 또는 엄청난 행운이 금방이라도 터질
것 같은 기대감 등으로도 얻어질 수 있다.

　이와 같이 놀이를 하는 '정신'은 높은 수준의 문화활동을 가
능하게 하는 원동력이 될 뿐만 아니라 개인의 지적 발달과 정
신교육에서 가장 중요한 역할을 하는 것이라고 볼 수 있다. 놀
이에 익숙해진다는 것은 그것의 구체적인 활동뿐만 아니라 복
잡한 규칙을 가진 놀이 전체를 이해하기 위한 도형, 상징물, 도
구, 양식과 방법, 규칙 등에 대한 이해가 선행되어야 하는 것이
기 때문이다. 또한 놀이의 정신은 충만한 자유와 창의력을 요
구하고 경우에 따라서는 상당히 능란한 솜씨와 영민한 두뇌,

엄밀한 정확함 그리고 대담성까지도 필요로 한다. 그러나 이와
는 정반대 방향에서의 놀이란 현실적으로 진지함을 상실한 경
박한 것으로 어떤 재화나 가시적인 업적도 남기지 않는 지극히
비생산적이고 때로는 낭비적인 것으로 간주되기도 한다. 놀이
란 이렇게 무상성과 상통하는 것이기 때문에 아무리 공을 들이
고 능력을 발휘해도 무용한 기분전환에 불과하다는 것이다.

이와 같이 놀이와 인간의 삶은 인류가 존재했던 아주 먼 고
대 사회 이래로 때로는 지극히 긍정적인 가치를 가지는 것으
로 때로는 지극히 배척해야 하는 부정적인 것으로 그 관계 양
태를 끊임없이 변화시켜 왔던 것이다.

고대 그리스-로마 시대에 놀이란 여가시간에 행해지는 고
도의 지적인 작업으로 간주되어 소위 상층귀족계급의 '특권'
이었고, 중세시대에는 생산노동에 참여하지 않는 유한계층의
'소비적인 활동'이었으며, 산업혁명을 거치면서 진입하게 된
근대 사회에서는 보다 높은 생산성 함양을 위해서 취하는 '휴
식'에 불과한 것이었다. 그러나 거대한 현대적 대중소비사회
에 접어들면서 이제 놀이란 인간의 삶의 질을 측정해주는 척
도로까지 간주되어서 보다 더 잘 '향유'되어야 하는 인간의
'덕목'으로까지 여겨지고 있는 것이다.

위와 같이 놀이의 시대적 의미의 변화무쌍함은 놀이를 단
순한 인간 본성의 한 측면이라고만은 이야기할 수 없는 보다
더 복잡한 메커니즘을 함유하고 있는 것으로 보게 한다. 축제
는 이러한 인간의 유희적 본성을 충족시켜주는 놀이의 가장

대표적인 형태 중의 하나이다.

하비 콕스는 『바보들의 축제』의 불어판 서문에서 "발전도상에 있는 우리의 산업문명은 이때까지 부정되어 왔기 때문에 이제서야 거의 잊혀졌던 것에 의존해야만 하는 필요성을 느끼게 되었다. 이러한 새로운 탄생의 뿌리는 우리들 대부분이 살고 있는 기술-합리적 생산성을 중시하는 사회 이전의 상태로까지 거슬러 올라간 존재인 것이다"라고 보면서 현대인의 축제적 욕구의 배경을 설명하고 있다.

노동과 생산성, 경제적 효율성만이 최고의 가치를 가지며, 이것이 궁극적으로 인간행복의 가장 기본적인 조건이 된다는 생각이 오랫동안 지배해 왔기 때문에 인간의 유희적 본성의 중요성을 그다지 심각하게 생각해보지 않았던 사람들에게 있어서, 놀이를 통해서 추구하는 환타지적 경험은 가능하면 피해야 하는 인간의 부정적인 측면으로 간주되었던 것이다. 특히 한국인들에게 있어서는 소위 선비정신이나 양반 개념, 점잖음의 예찬, 지나친 교육열, 성공지향적 인간관 등이 조선 후기에 본격적으로 도입되기 시작한 성리학에 의해 학문적으로 정당화되어 고취되었고, 보다 차원 높은 인간적 가치를 실현하는 것으로까지 간주되어 왔다. 한국인들은 일본제국주의의 지배를 받던 암흑시대를 거쳐 다시 정치적 이데올로기 갈등에 휩싸였고, 전쟁의 폐허와 경제재건이라는 힘겨운 역사를 경험하면서, 공식적이고 외면적으로 환타지를 추구하고자 하는 지극히 인간적인 유희적 본성을 표출할 만한 최소한의 통로도 갖지 못하며 살아왔던 것이다.

　20세기 말까지 한국인들은 이 경제적 효율성과 유희적 본성 사이에서 수많은 갈등을 경험하였고, 21세기로 넘어와서는 인간의 유희성을 보다 체계적이고 본격적으로 분석하고자 하는 욕망을 자신있게 드러내고 있다고 볼 수 있다.

코스모스와 카오스 : 생의 역설적 찬미

　흔히 축제를 의례적 축제와 카오스적 축제로 구분하려는 경향을 자주 발견할 수 있다. 그러나 인류학적 시각에서 볼 때는 카오스적 축제도 결국에는 의례적 축제 속에 포함시킬 수 있다. 왜냐하면 카오스란 비일상적 상황이고 이것은 신성한 의례적 상황으로 규정할 수 있으며, 궁극적으로 축제란 결국 다시 현실로 회귀하려는 것을 목적으로 하고 있는 것이지, 현실을 뒤엎으려는 것이 아니기 때문이다. 후자가 목적이라면 그것은 이미 축제를 넘어선 혁명이다.

　축제에서 드러나는 카오스란, 쉬운 예로 토마토 축제에서 주변 사람들에게 무차별적으로 토마토 공격을 퍼붓는다거나, 옷 속에 헝겊과 솜 또는 밀단을 채워 넣은 뒤뚱한 모양으로 진흙뻘 속에서 버둥거린다거나, 길거리에서 방향성 없이 뛰어다니는 황소들 사이를 목숨을 내걸고 겁도 없이 뛰어 다닌다거나(엉시에로(encierro) 또는 아브리바도(abrivado)라고 불리는 것으로, 길거리에 황소를 풀어놓고 그 황소를 직접 잡거나 만지려는 목적으로 황소를 따라가거나 도망가는 것을 반복하면서 노는 소놀이로, 주로 스페인과 프랑스의 지중해 지역에서 연희되는 놀이다. 관광객과 같이 이 놀이에 익숙하지 않은 초보자가 이 놀이에 참여하여 치명적인 상처를 입기도 한다), 기말고사와 제출해야 할 과제물들을 제쳐두고 광화문 광장에서 '붉은 악마'가 되어 온몸에 페인트 칠을 하고 월드컵 축구경기를 보며 목이 터져라 응원을 하고 골이 터지는 순간 생면부지의 남녀가 서로 얼싸안고 환호성을 친다거나, 한국의 탈춤이나 아프리카 스와지족의 '반란의 의례' 등에서 기존의 사회구조 속에서 실질적인 권력을 가지고 있는 사람들을 비난하고 욕을 퍼붓고 그들의 비밀을 공공연하게 드러내며 그들의 위신을 사정 없이 깎아내린다든가 하는 것들이다. 이것들 모두는 사회구조가 혼란의 상태에 빠지거나 아니면 목숨을 잃을 수도 있는 위험한 상황에 자발적으로 들어가는 것으로, 축제적인 상황에서 발견할 수 있는 일종의 카오스적 상황이라고 볼 수 있다. 이러한 상황은 결코 오래 지속되는 것이 아니며, 오래 지속될 수도 없는 상황이다. 이것은 결국 기존의 사회질서, 즉 코스모스적인 상황을 카오스적인 상황을 통해서 역설적으로 강조하는 것이라고 볼 수 있다.

역사학에서는 흔히 축제를 두 개의 상이한 모델, 즉 뒤르켐적인 모델과 프로이트적인 모델로 구분해서 파악하고 있다.[12]

뒤르켐은 종교를 개인적이고 신비적인 것이 아니라 '사회적인 사실'로 보며, 축제를 "사회적 통합을 위해 기능하는 일종의 종교적 형태"라고 규정한다. 즉 그에게 있어서 축제 개넘은 제의(rite)와 동일하다. 그에 반해서 프로이트는 축제를 공정성과 즉흥성, 디오니소스적인 부정과 인간 본능을 억압하는 것의 폐기, 해방을 향한 문화라고 본다. 즉 그에게 있어서 축제는 통합과 질서의 유지라기보다는 '금기의 위반, 과도함과 난장트기'이다. 제는 격식을 갖춘 금기의 파괴이며, 난장트기는 그 본질이라고 본 것이다.[13]

특히 프로이트의 이러한 견해는 다음에 이야기하는 축제의 전도적 성격과 관계가 있다.

구조와 리미널리티 : 비일상성과 전도

프로이트의 이론을 계승하여 축제와 민중문화의 연관성을 밝힌 바흐친은 카니발을 축제의 가장 전형적인 예로 들었다. 즉 카니발에서 보이는 전도적, 비일상적 성격을 축제의 가장 기본적인 성격으로 지적하고 있다.

축제에서는 흔히 비일상적인 전도현상이 발견된다. 예를 들어서 성 역할 전도나 사회·문화적 지위가 전도되어 남자와 여자, 왕자와 거지, 주인과 노예, 산 자와 죽은 자 등이 서로 뒤바뀌어 표현되는 것이다. 이렇듯 축제를 일상생활의 '단절', 즉하나의 의례적인 상황으로 간주할 경우에, 축제는 초자연적인 존재에 대한 의식이 치러지는 신성하고 종교적인 순간과 장소가 된다.

사회인류학자이자 상징인류학자였던 빅터 터너(Victor Turner)

는 이러한 신성하고 종교적인 순간을 '리미날리티(Liminality) 단계'라 칭하고 이러한 단계에 머물러 있는 사람들이나 그들이 모여 있는 상황이나 공간을 '코뮤니타스(Communitas)'라고 부른다. 'Communitas'는 'Community'와 동일한 어원에서 나온 말이나 Community가 지역적·공간적 의미만을 규정하는 한계를 가진 것으로 인식되고 있기 때문에 터너는 시간적·공간적 의미를 모두 포괄하는 Communitas라는 용어를 주로 사용하고 있다. 리미날리티란 '문지방'을 의미하는 리멘(Limen)이라는 말에서 파생한 것으로, 문지방에 서 있는 것과 같이 평소에는 금기로 여겨지는 공간과 행위의 존재를 상정한다는 것이다.

그러나 이러한 리미날리티 단계는 영원히 또는 장기간 지속되는 단계가 아니라 일시적으로 끝나는 단계이다. 따라서 대단히 압축적으로 비일상적인 상황이 표출되기 때문에 신성한 단계로 간주된다. 이때는 극도의 흥분이나 위험성, 일탈성 등이 용인된다. 특히 문지방이란 우리 나라에서도 올라가 서 있으면 안 되는 지점으로 인식되는 것에서도 알 수 있는 바와 같이 터너가 사용하는 의미와 맥을 같이 한다고 볼 수 있다.

그는 이러한 코뮤니타스적인 상황에서 일어날 수 있는 현상으로 자유(freedom), 평등(equality), 동료애(friendship), 동질성(homogeneity) 등을 지적하였다. 즉 다양한 형태의 사회적 구속에서 벗어나서 평상시에는 입어볼 수 없는 옷을 입거나 아니면 모든 옷을 벗어버릴 수도 있고, 요란한 치장과 화장, 분장

17

을 할 수 있는 '자유'를 만끽한다. 누구나 사회·경제적 지위의 종적관계에서 벗어나 동등한 입장에서 횡적으로 '평등'한 관계를 맺을 수 있다. 이 속에서는 자신과 어떤 친밀한 관계를 갖지 않았던 사람과도 단번에 진한 '동료애'를 느끼며 이를 통해 모든 이들이 '동질성' 속에서 합일되는 것이다.

우리는 이것을 월드컵의 붉은악마 응원열기에서 실컷 경험 하였다. 일상의 모든 속박에서 벗어나서 평상시에 공공적인 장소에서 용인되지 않던 방식으로 옷을 입고(태극기로 몸을 아 슬아슬하게 감싸거나 아니면 웃옷을 벗어버린다거나 하는 것), 얼 굴에 페인트 칠을 하고, 마음껏 소리지르며 즐기는 '자유', 경 제적 빈부 차이나 사회적 신분 차이를 뛰어넘어서(이것에 대해 서 아무도 관심이 없고, 묻지도 않는다) 모두 동일한 한국인으로 서 느끼는 '평등', 승리의 기쁨과 환호, 패배의 아픔과 안타까 움을 같이 나누며 서로 기뻐해 주고, 같이 슬퍼하며 위로하는 '동료애', 그러면서 우리 모두는 같은 민족으로서 '동질성'을 확인 또는 재확인하면서 가슴 깊은 곳에서부터 우러나는 뿌듯 함에 충만했었다.

물론 이러한 코뮤니타스적인 시공간은 일시적으로 끝났지 만 그 코뮤니타스를 경험하기 전의 우리와 경험한 다음의 우 리는 분명 동일한 존재가 아니었다. 우리는 한동안 잊고 지냈 던 한민족의 저력과 상호간의 애정을 느끼며 스스로에 대한 자부심과 자긍심에 감격하고 만족스러워 하였다. 우리가 가진 무한한 가능성이라는 희망을 다시 얻었던 것이다.

응원에 참여하느라 목도 다 쉬어버리고, 몸도 피곤하고, 기말시험 공부도 제대로 못하고, 직장에서의 근무도 잠시 미뤄두었던 것이 사실이다. 이러한 경험은 한편으로는 낭비적이고 비생산적이고, 지극히 혼란스러운 것이었다고 볼 수도 있지만, 다른 한편으로 이것은 일상적인 삶이 우리를 강제로 규제하는 것보다 강하게 우리의 삶을 스스로 규정하게 했으며 정체성을 자발적으로 재확인하게 하였다. 즉 한달 동안의 비일상적 경험은 그 이후에 다시 들어가게 될 일상적인 삶의 중요성을 더욱더 부각시켰던 것이다.

다시 터너로 돌아오면, 그의 논의는 경계에 있는 이러한 '리미날'한 단계에 집중되어 있다. 이 단계는 의례를 통해 변화가 일어나는 전 과정에서 모호한 행동을 특징으로 하는 잠정적 단계, 즉 이전 상태는 더 이상 작동하지 않는데 새로운 단계는 아직 오지 않아 재분류가 일어나는 단계이다. 결국 이는 어떤 것도 분명히 드러나지 않는 무정체성의 단계이다. 왜냐하면 이러한 상태에 있는 사람들은 문화적인 영역에 한정되어 있는 기본적인 네트워크에서 교묘히 빠져나가 있기 때문이다. 많은 사회에서 사회적이고 문화적인 전도를 의례화하는 다양한 상징을 통해서 이러한 모호하고 무결정적인 상태를 표현하고 있다. 그래서 리미날리티는 자주 죽음이나 자궁 내에 존재하는 것, 보이지 않는 것, 어두움, 양성성, 황폐함, 일식 또는 월식 등과 연결되기도 한다.

이러한 리미날리티의 실체는 입회식이나 성년식을 치르는

신참자와 같이, 아무것도 소유하지 않은 존재로 표현된다. 이러한 무정체성의 단계에서는 사회적인 지위나 서열을 나타내는 어떤 지위나 재산도 드러나지 않는다. 그들은 곧 이어서 경험하게 될 새로운 사회적 상황에 대응하기 위해서 새로운 힘을 부여받게 되는 것이다. 이들은 주변인들과 강한 동료의식을 느끼고 평등주의를 적극적으로 받아들여 발전시켜서, 더 이상 위세와 지위 또는 서열과 같은 세속적인 구분을 받아들이지 않게 되는 것이다.

이러한 축제적인 상황은 일상적인 시간의 흐름의 단절이라고 볼 수 있는데, 이 점에 대해서 리치(E. Leach)[14]는 축제에 들어가는 일반인들은 본래의 자신의 세속적인 경제적·정치적·사회적 지위(P)를 상실하고 의례적으로 '죽게 된다'(A)고 이야기 하였다. 이렇게 죽어있는 '신성한 시간' 동안 그는 다른 모든 이들과 진정한 우정과 평등성을 획득하고 일상의 모든 권리와 의무에서 벗어나게 된다(B). 이 순간 시간의 흐름은 멈춰서고 개인은 무한한 자유를 얻게 되는 것이다.

그러나 이러한 순간은 영원히 지속되는 것이 아니고, 곧 그는 현실적인 세상으로 '다시 태어나게'된다(C). 즉 일상의 세속적인 삶으로 다시 돌아오게 되는 것이다(D'). 그러나 의례적인 상황으로 들어가기 전의 삶(D)과 그 상황을 거쳐 나온 개인의 삶의 양태(D')는 많은 차이를 갖게 된다. 기존 사회가 가지고 있던 모순과 문제점을 해결하고자 하는 실마리를 찾을 수 있기 때문에 갈등을 극복해서 새로운 삶의 에너지를 획득하기도 한다.

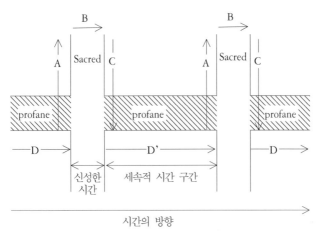

P: 세속적 시간   S: 신성한 시간
A: 도덕적 인간의 죽음   B: 의례적 상황에 몰입
C: 일상으로 다시 태어남   D: 일상적 삶 영위

초월적 에너지의 획득

축제를 통해서 일상생활을 되돌아본다면, 외형적인 삶은 변하지 않더라도 삶의 내용이나 개개인의 구체적인 인간관계 사회구조적인 차원 등에 본질적으로 의문이 가해지고, 이에 따라 일상적 삶이 새로운 전환기를 맞이하기도 한다.

축제 속에서 신성성은 세속성과 단절되고 동요와 풍성함 속에서 일종의 근원적인 혼돈이 일어나면서 인간은 신성한 수준까지 올라갈 수 있으며 초자연적인 것 또는 원시적인 사고의 단계에 이르게 된다. 즉 축제 속에서 인간은 초월적인 에너지를 가진 영역에 접근할 수 있게 되는 것이다(G. Balandier).[15] 예를 들어서 북미 인디언들은 태양춤(Sun dance)이나 유령춤 (ghost dance) 등의 연행행위를 통해서 몽환(transe)을 경험하는 데, 이 비일상적인 상황에서는 죽은 조상과 영혼을 만나거나 멀리 있는 친척에게 다녀오는 등, 현실적 삶의 고단함이나 정 체성의 혼란을 이겨낼 수 있는 힘을 획득하게 된다. 인디언들 은 백인들의 지배 하에서 과거의 전통이 파괴되고 문화적 자 부심이나 문화정체성을 상실하여 정신적인 측면에서 피폐된 삶을 살고 있는 경우가 많다. 이러한 현실의 고달픔을 축제적 연행행위 속에서 획득되는 초월적 에너지를 통해서 잊을 수 있게 되고, 더 나아가 과거의 화려했던 삶으로 회귀하는 경험 을 하기도 한다. 이러한 경험을 통해 다시 현실적 일상으로 돌 아왔을 때 극단적인 갈등을 극복할 수 있는 새로운 힘을 얻게 되는 것이다.

여기서 축제는 사람들의 삶에 신선하면서도 신성한 영감을 주면서 인간과 보이지 않는 존재 사이에 또는 인간과 그 주변 환경과의 관계에서 형성되는 정신적 가치를 확인시켜 준다.

현대 사회와 축제

앞에서 언급한 것들은 축제에 대한 원론적인 설명임과 동시에 축제의 당위성을 설명한 것이면서 현대인들이 이런 축제에 관심을 가지는 이유라고도 볼 수 있다. 즉 축제가 그 본연의 기능을 충실히 수행하기 위해서 반드시 깃춰야 하는 점들이다. 그러나 현대 사회에서 벌어지는 축제는 이렇게 간단하게 설명될 수만은 없을 정도로 대단히 복합적인 요소들이 작용한다.

현대 사회의 축제들에서 보이는 특징을 다음과 같이 몇 가지로 나누어서 정리해 볼 수 있다.

축제의 상징성과 유사종교성 : 무용한 것에 대한 관심

넘쳐나는 문명의 혜택을 받고 있으며, 이윤의 극대화, 경제적 효율성만을 추구하는 것으로 생각되는 현대인이 축제에 관심을 가진다는 것 자체는 일종의 모순이다. 왜냐하면 축제는 생산적인 것과는 관심이 멀고, 오히려 대단히 파괴적이고, 낭비적이고, 소비적이기 때문이다. 그러나 실질적으로 전혀 쓸모가 없는 것임에도 불구하고 고도의 문명 속에 살고 있는 인간들이 이러한 축제를 찾아다닌다는 사실을 단순한 시간보내기나 여흥거리를 찾아다니는 것이라고만 볼 수는 없을 것이다. 인간은 스스로도 정확하게 인지하지 못하는 차원에서 인간 본연의 모습을 찾아 헤매는 존재이기 때문이다.

현대인의 삶을 특징짓는 대표적인 요소로 세속화, 탈종교화, 도시화 등을 들 수 있다. 따라서 축제가 가지고 있던 종교적 신성성은 그 실제적 공감대와 중요성이 거의 상실되어 이제는 축제의 정당성을 보장해주는 하나의 명목으로만 남아 있을 뿐이다. 성스러운 영역이 점차 세속적인 영역 속으로 편입되어 가는 경향이 많아지면서 일상적인 삶을 성스러운 영역과 세속적인 영역으로 구분하기조차 어려워지고 있는 것이 현실이다. 그러나 성스런 영역은 그것이 차지하는 부분이 아무리 작아진다고 하더라도 세속성이 극단으로 치닫는 것을 조금이라도 제어할 수 있다면 인간의 삶에서 없어서는 안 될 부분임은 분명하다. 즉 축제 속에서 상징적으로 표현되는 성스런 영역은 일상적 삶의 세속적인 부분의 존재가치를 더욱더 부각시켜 주는 부분이라고 볼 수 있다. 이러한 점에서 현대 사회에서 연희되는 많은 축제들에서는 상징적인 성스러움과 상징적인 세속성이 의도적으로 구분되어 표현되는 경우가 많은 것이다.

이와 관련된 것으로 고대 사회에서 연희되던 축제의 잔재와 같은 형태를 띠는 것으로 일상생활의 단절이라는 의미를 가지는 축제들을 들 수 있는데, 이러한 성격을 띠는 축제들은 그 숫자가 그리 많지는 않지만 최소한 외적인 측면에서는 원형적인 형태를 유지하려는 노력이 보이는 것들이다. 이 부류에 속하는 축제들은 성·속의 구분에 기초한 일종의 의례적 사건이거나 집단적 상징으로 해석될 수 있다. 그 사례로 베니스 카니발이나 리오 카니발, 러시아의 겨울축제인 마슬렌니짜 등을 들 수 있을 것이다. 특히 마슬렌니짜는 러시아의 대표적인 전통 계절축제이자 동시에 그리스 정교에서 지정한 부활절 전의 대육식금기기간을 준비하는 시기에 벌어지는 축제이다. 이 축제에 대한 설명은 뒷부분에서 좀더 자세히 제시되어 있다.

축제와 문화정체성 : 문명 속에 숨어있는 유토피아를 찾아서

엄청난 정보의 홍수 속에서 거대한 과학문명에 짓눌리고 딱딱한 언명 또는 이데올로기가 개인이나 집단의 자유로운 상상력보다 더 우세한 힘을 가지고 있는 사회에 살고 있는 우리는 끊임없이 '유토피아'를 동경한다. 프랑스의 인류학자이자 사회학자인 장 뒤비뇨는 인간집단이 '개미둑'이나 '꿀벌떼'와 다른 점을 이러한 측면에서 찾는다.16)

이러한 유토피아적인 상황을 제시해주는 것으로 축제만큼 좋은 것은 없다. 물론 현실 속에서 유토피아를 발견하기는 거의 불가능하고, 사실 그것의 존재 여부에 대한 확신도 없다. 그러나 유토피아를 추구하는 과정에는 누구나 동참할 수 있고, 그 과정 속에서 다양한 종류의 희열감과 만족감을 느낄 수 있는 것이다.

우리는 축제 속에서 유토피아를 찾고자 하며, 이를 통해서 자신의 생존 의미를 확인하고 싶어 한다. 즉 자신의 정체성을 추구하고자 하는 것이 모든 인간의 고차원적 욕구라고 할 수 있고, 그것을 가능하게 해주는 기본적인 토대 중의 하나가 바로 문화정체성의 확인이라고 볼 수 있을 것이다. 문화정체성을 확인하는 경로는 다양하지만 축제와 관련해서 지적할 수 있는 가장 우선적인 것은 무엇보다도 자신의 현재의 삶을 존재하게 하는 과거 삶의 인식, 즉 전통성의 재확인을 들 수 있을 것이다. 현대의 삶 속에 살아 존재하는 전통성의 확인을 통해서 삶의 정당성을 재확인하고, 그 속에서 문화적 정체성을 보다 견고히 할 수 있게 된다. 이것은 곧 자신의 삶의 존재 의미와도 직결된다고 볼 수 있고, 축제가 바로 이러한 과정의 중요한 매개자가 될 수 있다는 것이다.

우리 나라뿐만이 아니라 세계적인 수준에서 보았을 때도 축제의 종류와 그 수는 이루 다 헤아릴 수 없을 정도로 증가하고 있는 추세이다.

우선 유럽에서는 양차 세계대전 때를 제외하고 현재까지

전통축제들이 지속적으로 연희되어 내려오고 있다. 특히 거대 도시보다는 소규모 마을 수준의 도시들에서 이러한 경향이 더욱 두드러지고, 최근에는 전통축제라는 이름 하에 계속 새로운 축제들이 만들어지고 있다. 현대 유럽은 비교적 변화의 속도가 안정된 삶의 수준을 유지하고 있기 때문에 삶의 의의를 전통성의 복원에서 찾고자 하는 욕구를 강하게 가지게 되며, 여기에 흥까지 돋우어 주는 축제는 안성맞춤이 된다. 게다가 50년대를 기점으로 해서 소위 대중소비사회로 본격적으로 진입하게 되면서 일상에 찌든 도시인들은 전원을 찾아 떠나게 되고 그 안에서 평소에 잊고 살았던 자신의 근원적인 모습을 찾고자 하는 것이다. 이에 발맞추어 '전통적'이라는 이름이 붙여진 축제들이 지속적으로 증가하고 있다. 이에 해당하는 예들은 지중해 지역의 수레축제, 소놀이축제, 말축제, 전통의상축제, 전통음식축제 등 무수히 많다.

특히 축제가 지역성이나 문화적 정체성의 표현기재가 되는 문화 단위는 점차 국가적 단위에서 소지역적으로 축소되어 가고 있다. 축제를 연희하는 집단 주체들이 소규모로 나누어지게 되어서 국가 단위보다는 소규모 지역 단위로 연희되는 경향이 많아지고 있다.

정치·경제적으로 안정적인 상황에 들어가 있거나 반대로 지극히 불안한 상황에서, 한 집단의 정체성을 표현하고 공동구성원을 결집시키는 가장 효율적인 기재로서 문화적인 요소가 전면으로 부각되었고, 축제가 바로 이 기능을 가장 효율적이고 즉각적으로 수행하는 것으로 간주되기 시작하였다.

축제와 여가 향유 : 호기심의 긍정적 실천

PC통신, 인터넷, 가상현실에의 몰입 등을 통해서 현대인들의 개인화 또는 원자화 경향은 더욱더 가속화되어가고 있는 것이 사실이다. 그렇다고 해서 자신 이외의 것에 대한 관심이 완전히 없어졌다는 것은 아니다. 오히려 이와는 반대로 개인적 생활의 비중이 커지면 커질수록 타자의 삶에 대한 관심은 더욱 강도 높게 증폭된다고 볼 수 있을 것이다. 이러한 욕구를 보다 긍정적이고 바람직한 방향으로 충족시키고자 하는 것이 바로 새로운 볼거리를 끊임없이 추구하는 것이라 할 수 있다. 그것이 바로 현재 볼거리로서의 축제를 계속 공급할 수밖에 없게 하는 가장 근본적인 원인이라 볼 수 있다.

앞에서도 잠깐 언급한 바와 같이 전통이 축제 속에서 재창조되는 경우를 많이 발견할 수 있는데, 보통 민속적 세시의례 과정 속에서 연희되는 축제가 여기에 해당된다. 이와 같은 부류에 속하는 축제들은 외형적으로는 여전히 전통적인 모습을 그대로 유지하고 있고, 실제 그것에 참여하는 사람들도 그 축제의 '원형성'을 강조하지만, 실제 그 축제의 현재적 의미와 내용은 그것이 본래 근원했던 사회·문화나 정치·경제적 배경과는 완전히 분리되어 있다. 축제의 대부분이 일종의 '스펙터클'이 되면서 수많은 전통적 요소들이 재창조되거나 재고안되었다. 실제로 축제에는 새로운 의미가 계속 부여되지만 그와 동시에 더욱더 민속적인 것이 되면서 항상 '전통적인 것'으로 간주된다. 이러한 과정을 거치면서 많은 축제들은 참여하는 축제에서 관람하는 축제로 변해가고 있는데, 이러한 변화의 방향을 되돌리려는 시도가 끊임없이 지속되고 있다.

현재 대부분의 민속화된 전통축제는 '스펙터클'의 양상을 띠고 있다. 마을 단위로 지역주민들에 의해서 연희되던 것이 외부인의 관심을 끌게 되면서 점점 규모가 커지고, 외양이 화려해지는 것이 보통이다. 또한 그것은 원래 생겨난 문화적 맥락에서 벗어나 관객을 대상으로 무대 위에 올려지게 되면서 본래의 축제적인 성격은 약화되었다. 축제적 연희자와 관람자, 즉 관객이 분리되는데, 여기서 연희자는 연기자가 되기도 한다. 한국의 강릉에서 벌어지는 지역축제인 단오제는 지역적인 기반 하에서 존재하는 경우에 해당한다. 그러나 그것이 가지고 있던 본래의 난장적인 축제의 성격은 약화되고 상업적인 성격이 지나치게 부각되고 있어서 많은 사람들로부터 비판을 받고 있는 것도 사실이다.

민속적 축제가 그 본래의 성격을 순수하게 유지할 수 있는 기본적인 전제조건은 그것이 지역주민들에 의해서 직접 조직되고 준비되고 연희되는 것이어야 하는데, 사실 현재 한국에서는 그러한 의미의 순수한 축제들은 거의 찾아볼 수가 없다. 그러나 여전히 전통적인 문화적 요소가 지역주민의 삶에 중요한 영향을 미치고 있는 유럽 사회의 경우에는 비교적 과거의 순수한 형태의 모습을 그대로 간직하고 있으면서 지역주민들의 적극적인 참여에 의해서 매년 성대하게 연희되고 있는 축제들이 많이 발견된다.

　지방분권적 체제의 독일에서는 물론이고 전형적인 중앙집권체계를 유지하고 있는 프랑스에서조차 각 지방의 고유한 역사와 문화적 특색을 강조한 축제들이 다양하게 펼쳐지고 있다. 이러한 현상은 지역정체성을 강조하는 것뿐만 아니라 기본적으로 일반인들의 여가시간의 증가와 긴밀한 관계를 가지고 있다.

소수민족들에서 발견되는 다양한 축제 형태

　민족지학적 사례들을 살펴보면 대단히 다양한 축제연희 형태를 발견할 수 있다. 특히 소규모 원시 사회는 축제연희 형태 속에서도 다양한 정치, 경제, 종교적인 요소들이 복합적으로 연결되어 나타나는 경우가 많기 때문에, 축제연희라는 것이 비일상적이면서 특별한 행위라기보다는 일상생활의 연장이거나 일상의 또 다른 표현인 경우가 많다. 즉 현대 사회처럼 축제적인 연희상황이 시간과 공간적으로 일상적인 삶과 별개의 것으로 구분되지 않는 경우가 많다는 것이다. 특히 많은 경우에 원시적 소수민족들에게서 보이는 축제연희 형태는 사회구성원간의 호혜성의 재확인과정이면서 동시에 주변의 서구 사회와 교류할 수밖에 없게 되면서 겪게 되는 사회 변화에의 적응기재로 표현되는 경우를 흔히 발견할 수 있다.

축제 속에서는 단순히 먹고 마시는 것뿐만 아니라 신이나 인간에게 재물을 바치고 또 상호간 교환하면서 끊임없이 증여와 반대증여의 순환이 일어난다. 궁극적으로 이런 증여(don)와 반대증여(contre-don)는 보다 조화롭고 평화로운 일상적 삶을 영위하게 하는 것이라 볼 수 있다.

이 점에 대해서 모스는 '호혜성' 이론을 통해서 설명한다. 그는 『증여론』에서[17] 호혜성을 수반하지 않는 '상품'과 호혜성을 토대로 주고받는 '선물'은 서로 구분되는 것으로 봐야 한다고 보고, 선물은 주기와 받기, 그리고 답례(되돌려주기)라는 삼중의 의무를 수행하는 것이라 본다. 예를 들어 과시적 소비축제인 북미 인디언의 포트래치(Potlatch), 남태평양의 쿨라 (Kula), 뉴질랜드의 하우(Hau) 등과 같은 의례는 본질적으로 선물의 흐름을 토대로 하고 있다는 것이다. 따라서 선물하기는 단순한 물건 교환만이 아니라 시간의 특별한 사용과 명예 획득과 관련된다. 이것은 결혼, 축제, 의식, 춤, 잔치 등에서 보이는 모든 교환 형태에서 보이는 것이다. 즉 모스는 이러한 문화현상 속에서 하나의 '전체 사회적 사실(total social fact)'로서 증여를 통해서 호혜성의 원리를 추출해낸다. 이것은 다음의 설명으로 더 분명히 이해될 수 있을 것이다.

돼지 축제와 화식조 경연 : 재화의 순환을 통한 사회관계 재확인

뉴기니 사회에서 돼지는 중요한 부의 상징이며 잉여생산의 축적을 의미한다. 그러나 이러한 잉여물은 계속해서 축적되는 것이 아니라 일정시기가 되면 도살되어서 마을사람들 간에 또는 이웃 마을사람들에게 공정하게 분배된다. 물론 분배되는 양은 이 돼지도살축제를 벌이는 당사자와의 친밀도와 의무 관계에 따라 달라지게 된다. 돼지를 많이 나누어줄수록 명예와 위신이 올라가기 때문에 추장과 같이 많은 권력을 가지고 있는 사람일수록 더 많은 돼지고기를 베풀어야만 자신의 위신을 유지할 수 있는 것이다.

이것과 유사한 것이 뉴기니 지역에서 발견되는 화식조 경연인데, 이것은 일종의 재물나눔을 통한 재정적 무장해제를 의미한다. 추장은 한 마리당 30-40만 원씩 하는 화식조를 사기 위해 재산을 매각하고 돈을 거둬들인다. 그리고 이웃 마을의 사람들을 초대해서 화식조 고기를 베푸는데, 다음 해에는 여기에 손님으로 참여했던 사람들이 이와 같은 것을 반복한다. 일종의 주고받고 되돌려주는 것을 되풀이하고, 자신의 재화를 없애고 덜어 내놓음으로써 마을 간에 생길 수 있는 분쟁의 씨앗을 미리 제거하는 것이다. 즉 어느 한 쪽이 다른 쪽에 비해 지나치게 부유해짐으로 해서 생길 수 있는 부의 불균형의 위험을 방지하고자 하는 것이다.

물론 현재는 화폐경제가 도입되면서 무상으로 음식이 제공되기보다는 돈을 받고 음식물을 사고파는 과정 속에서 누가더 많이 팔고 많이 살 수 있느냐를 경쟁하는 것으로 바뀌기는 하였지만, 재화가 끊임없이 순환되면서 사회적 관계를 재확인하는 과정으로서의 축제의 기능에는 변함이 없다.

싱싱 비즈니스 : 사회변화의 적응기재로서의 축제

60년대까지만 해도 대부분의 연구자들은 축제를 공동체 내의 평등성과 부의 재분배 체계로 간주하였다. 그러나 그 후 많은 원주민 사회에서 빈부의 격차가 커지기 시작하면서 축제는 새로운 엘리트층의 향상된 경제적 지위를 확인시켜주는 수단이 되기도 하였다. 사회변화의 적응기재로서 축제는 그것이 본래 가지고 있던 의례적이고 신성한 의미를 부분적 또는 대부분 상실한 채 일반적인 사회현상 중의 하나로 기능하게 된다. 파푸아뉴기니의 상업화된 축제는 이러한 측면을 잘 나타내주고 있다.

파푸아뉴기니의 고산지대에서 행해지던 돼지도살과 고기분배의례는 70년대 중반부터 '싱싱축제'라는 상업화된 축제로 바뀌었다. 이 축제가 일종의 사업으로 간주되면서 사회적 리더들에게는 정치적 영향력을 획득할 수 있는 새로운 기재가 되었다.

앞에서 설명한 바와 같이 과거 이 축제는 돼지의 숫자가 감당할 수 없을 정도로 증가하게 되자 이를 도살해서 축제를 벌여서 인근 마을과의 사회·정치적 통합의 기회로 이용되었던 것이다. 돼지와 값비싼 물건들이 호혜적으로 교환되면서 지도자들의 위세가 덩달아 상승하기도 하였다.

그러나 현재 벌어지고 있는 싱싱축제는 마을 간에 돌아가면서 경쟁적으로 벌어지고 있는데, 그것의 목적은 지역의 화합이라기보다는 경제적 부의 축적과 집단 우월성의 확보이다. 즉 축제의 형식을 빌어 거대한 형태의 시장이 벌어지는 것이다. 그래서 축제에 성공했다는 것은 축제를 조직한 공동체에 대단히 많은 양의 돈이 유입되었다는 것을 의미하는 것이기도 하다.

이렇게 돼지축제가 싱싱축제 또는 '싱싱 비즈니스'로 변한 이유는 우선 식민지적 지배 하에서 전통적인 방식으로 경쟁할 수 있었던 영역이 파괴되었고, 많은 사람들이 문화적 정체성의 상실로 고통 받았기 때문이다. 몇몇의 공직자들을 제외하고는 대부분의 사람들이 현대 사회에서 제공되는 '보상'으로부터 제외되었고, 이들이 부를 획득하고 위세를 실현하기 위해서는 새로운 방법을 찾아야만 하였는데, 이것이 바로 전통축제를 변형시키는 것이었다. 이러한 축제를 통해서 원주민들은 지배적인 화폐경제체계에 경쟁적인 교환을 하는 구 선물경제체계를 통합시킬 수 있게 되었고, 싱싱축제는 결과적으로 파푸아뉴기니 고산지대의 농민적 자본주의를 형성하는 중요한 기재의 하나가 되었던 것이다.[18]

여기서 축제는 사회변화의 적응기재로서 기능한다. 이 부류에 속하는 축제들은 일반적으로 새로운 사회·문화적 조건의 영향을 받으면서 변형의 과정을 겪게 된다. 즉 단순한 형식이나 외형뿐만이 아니라 축제의 내용이나 의미까지도 변화하게 된 것이다. 이 경우에 전통적인 모습을 지닌 축제들의 전체 수는 감소하지만 변형된 축제는 새로운 기능을 획득하게 되거나 경우에 따라서는 더욱 활성화되기도 한다.

즉 동일한 이름으로 전해 내려오는 축제라 하더라도 그것이 어떤 사회·문화·역사적인 맥락에서 연희되느냐에 따라 축제의 의미는 상당히 또는 완전히 달라질 수 있다. 예를 들어 하회탈놀이가 안동 하회마을에서 연희된다고 해도, 그것이 고려시대나 조선시대에 행해질 때, 그리고 1990년대에 행해질 때는 동일하게 해석될 수 없고, 또 현재 시점에 행해진다고 해도 그것이 연희되는 장소가 안동하회마을이냐 아니면 서울의 전국민속놀이공연대회 무대에서 행해지는 것이냐는 분명히 다른 의미와 관점에서 해석되어져야 한다는 것이다.

서구 사회에서의 축제

서구적 축제의 기원 : 사육제와 사순절

   일반적으로 민중축제의 가장 대표적인 예이면서 서구적 축제의 기원으로 카니발 축제가 언급된다. 카니발이 벌어지는 시기는 장기적으로 보면, 11월 1일의 만성절(萬聖節)에서 3월 경의 사순절 직전까지의 기간이지만, 단기적으로는 1월 6일의 예수공현절에서 사순절 직전까지의 시기로 볼 수 있다. 특히 절정을 이루는 시기는 사순절 전의 일요일, 월요일, 화요일이다. 흔히 마르디 그라(Mardi Gras)라고 알려진 축제는 바로 이 화요일에 열리는 것을 말하고 기름기로 얼룩진(gras) 화요일이라는 의미를 가진다. 즉 질펀한 축제의 마지막 날을 즐긴다는 것이다. 이 화요일이 지나면 재(災)의 수요일이 되고 이 날부터 사순절이 시작되어 금식기에 들어가게 된다. 즉 사순절이라는 금욕기에 들어가기 전에 마지막으로 벌이는 먹고 마시는 향연의 시기이다.

카니발의 어원은 보통 3가지가 전해 내려온다. 첫째는 'carrus navalis', 즉 '배 마차'라는 뜻으로, 이것은 로마력을 기준으로 한 해의 맨 마지막 달인 2월에 로마에서 행해지던 정화와 맹세의 의식에 사용되던 배 모양의 형태를 한 행렬의 마차에서 연유한 것이다. 둘째는, '고기를 걷어낸다'거나 또는 '고기를 삼켜버린다'는 뜻의 'carne(고기)'와 'leva(걷어낸다 또는 삼켜버린다)'의 합성어로 알려진 것이다. 셋째는, '고기(caro)'로 '잔뜩 배를 불린다(valens)'라는 뜻이 있다.[19]

이러한 사육제는 즐거움을 누리는 주기로 간주되거나 재미있는 이야기 또는 외설적인 이야기를 나누는 기회로 간주되기도 한다. 즉 평소에는 사회적 금기로 여겨졌던 것들의 일시적 해제가 일어나는 것이다. 또한 이 시기에는 일상생활의 전도현상이 다양하게 나타나는데, 예를 들어서 지주와 농노, 사제와 민중, 겨울과 봄, 죽음과 삶의 대조성이 극명하게 표현된다. 따라서 사육제 때는 어느 정도의 무례함이 용서되기도 한다. 가면을 쓰고 거리의 행인을 모욕하거나 타인의 비밀스런 사생활을 공공연히 드러낸다거나, 사람들에게 모욕적인 말을 하고 싸움을 걸고, 물건들을 던지는 등의 과격하고 거침없는 행동을 하기도 한다.

이와 같이 사육제 시기에 벌어지던 카니발이란 본래 일상 생활의 흐름을 단절하고 평소에 금기시되었던 성직자의 위선에 대한 조롱, 외설 등이 용인되는 시기이며, 농촌사회에서는 비생산적이었던 겨울이 지나고 자연의 생산성이 증가하는 봄의 도래를 맞이하는 시기이기도 하다. 그래서 세계 도처에서는 2월 말이나 3월 초에 지금도 여러 형태의 카니발이 열리고 있는 것이다.

기존의 기독교적 권위에 저항할 수 있는 의례적인 통로로서의 기능을 하였던 카니발은 결국 당시의 절대적인 기독교적 권위를 더욱더 공고히 하는데 기여하기도 하였으며, 일반 민중들은 카니발을 통해서 억압된 욕구를 발산하고 다시 규범적인 엄격한 사회 속에서 자신의 삶을 이어나갈 수 있었던 것이다. 즉 일상에서 억압된 본능을 축제 기간 동안 해소할 수 있게 제도적으로 허용함으로써 정치적인 요소로 발전하는 것을 미리 방지할 수 있었다는 것이다. 이러한 측면에서 축제는 인간의 공격 본능을 의례화함으로써 그것이 폭발하지 않도록 방지하는 안전장치 역할을 하는 것으로 간주되기도 한다.

가면을 통해 본 유럽 축제의 상징적 의미와 기능

축제에 사용되는 여러 다양한 도구들 중에서 가장 대표적인 것이 가면을 비롯한 변장도구이다. 가면은 주로 얼굴을 가리는 도구를 말하는 것이지만, 일반적으로는 얼굴과 온몸이 동시에 감춰지고 새로운 모습이 나타난다.

축제라는 비일상적 상황에서 가면이 표현할 수 있는 것은 실로 무궁무진하다. 비록 그 의미는 많은 변화과정을 거쳐 왔지만, 현재 유럽 사회에서 벌어지는 축제들 중에서는 아직도 상당히 많은 가면이 사용되고 있다. 즉 축제 속에서 '타자성'을 드러내는 것은 단순히 본래의 모습을 가린다는 것을 넘어서서 또 다른 차원의 세계로 들어간다는 것을 의미하는 것이며, 이것은 문명의 발달 정도와 상관없이 모든 인간에게 내재된 또 다른 삶의 양태라고 볼 수 있다.

물론 축제 때만 가면을 사용하는 것은 아니다. 프로레슬링이나 아이스하키와 같은 스포츠 선수나 은행을 털러 들어온 강도도 가면을 쓴다. 중세시대 유럽에서는 도시에 흑사병이 돌 때 죽은 사람들의 송장을 치우러 가는 사람들이 시체에서 나는 악취를 피하고 전염병에 걸리지 않기 위해서 코에 향초를 잔뜩 넣은 큰코 가면을 쓰기도 했다.

이러한 가면은 얼굴을 보호하거나, 실제적 인물을 순전히 보이지 않게 하기 위해서 또는 보호의 의미로 사용되는 것이었기 때문에 분명한 기능과 의미를 가진다. 이렇게 구체적이고 정확한 목적을 가지고 사용하는 가면과는 달리 축제 때 사용되는 가면은 분명한 의미를 규정할 수 없을 정도로 다양한 요소들이 복합적으로 작용하며 다의성을 가진다고 볼 수 있다. 분석상 일반화의 어려움이 있음에도 불구하고 가면이 문화연구자들에게 지속적인 연구의 대상이 되어왔던 것은 바로

이 다의성을 어떻게 풀어나가는가 하는 의문이 계속해서 흥미를 불러일으키고 있기 때문이라고 생각된다.

비록 현재 연희되고 있는 가면축제에서 가면의 의미가 그것이 본래 근원했던 당시의 사회적 맥락과는 동떨어져서 사용되고 있기도 하지만, 여전히 많은 사람들의 관심을 끌면서 축제 속에서 사용되고 있다는 것은 그것이 현대 사회에서 끊임없이 재해석될 수 있는 새로운 의미들을 재생산하고 있기 때문일 것이다. 그리고 그 새로운 의미는 축제의 연희자를 비롯한 모든 참여자가 지속적인 상호작용을 통해서 과거의 역사와 신화, 구체적인 삶의 양식을 통해서 적극적으로 만들어내는 것이라 생각된다.

가면의 의미와 기능

가면은 사회적 변화를 유도한다기보다는 변화를 보완하는 역할을 한다고 볼 수 있다. 다시 말해 가면은 일상의 전도를 통해서 기존 체계의 정당화가 아닌 상호적으로 사회적 이해의 상황에 들어가게 하는데 보다 효율적인 기능을 수행하는 매개자로서 기능하는 것이다.

종교·정치적으로 가면을 쓰고 축제 속에 몰입하는 것은 삶과 죽음의 경계선상에 서거나 권력의 전도, 방어, 숭배와 복종의 접점에 위치하는 것을 보다 용이하게 한다. 상징·의례적으로는 성과 속, 순수와 오염, 남성과 여성이라는 서로 대조적이고, 때로는 극단적 갈등을 야기하는 양극점이 서로 만날 수 있게 하며, 심리적으로는 물신주의와 배금주의로부터의 해방과 지위 전도, 무의식적 욕구의 발산과 충족, 공포와 환희의 교차점에 서게 한다.

또한 가면은 정체성을 변화시키는 동시에 고정시키고 개인의 정체성을 감춤과 동시에 또 다른 정체성을 부여한다. 즉 개인은 지극히 가변적이고 다의성을 가질 수 있지만 가면은 이러한 가변성을 고정시켜서 개인을 단순화시키기도 한다. 즉 가면을 쓴 상황에서는 상이하거나 대조적인 것의 접점에 있어 모호해지는 것 같으면서도 동시에 대단히 분명하고 확고한 정체성을 새롭게 부여받게 되는 것이다.

가면을 통해서 신화와 전설은 구체화되고, 역사성은 현실 속에 표현되며, 동물성과 인간성이 결합되며, 초자연적 존재와의 직접적인 의사소통이 가능해진다. 가면축제는 하나의 연행예술로 발전하기도 하고, 이 속에서 스스로가 연극의 주인공이 되기도 한다. 그리고 이것은 현대 자본주의적 사회의 상업화와도 자연스럽게 만난다.

유럽의 가면축제 : 가면축제로 분출되는 인간의 욕구

유럽의 가면축제를 이해하는데 있어서 가장 중요한 것은 현재 벌어지고 있는 가면축제와 실증적인 자료를 통해서 본 가면축제를 문화적이고 상징적인 측면에서 어떻게 이해할 수 있는가 하는 점이다. 즉 현재에 연희되는 가면축제가 대단히 오래전부터 연희되어 왔거나 신화적 기원을 가지고 있는 것이라 할지라도 과거의 신화성이나 종교성을 그대로 유지하고 있는 것이 거의 없다는 것이다.

가면의 상징성은 흔히 축제 속에서 세속적 의미를 가진 것으로 변이된다. 예를 들어서 오스트리아 서부와 이탈리아 북부에 걸쳐있는 알프스 산맥 지대에 위치한 티롤(Tyrole) 지방의 한 마을에서 열리는 가면행사에 참여하는 사람들에게 있어서는, 가면을 쓰고 축제에 참여하는 이유가 보다 풍성한 농산물을 생산하기 위해서라고 대답하는 사람은 이제 거의 없다는 것이다. 그렇다고 해서 이 가면축제가 과거의 종교성을 완전히 상실한 것은 아니지만 순수한 의미의 종교성과 관습, 문화적 상황 등의 복합적인 요소들에 대한 고려 없이 제대로 이해될 수 없을 것이다.

이탈리아 북부의 소수민족 마을인 모에나에서 벌어지는 사육제 가면축제에서는 알프스 지역에서 흔히 발견할 수 있는 할리킨 가면이 등장한다. 아를레킨 가면이라고 불리는 것을 쓴 사람은 밝은 색의 바둑판무늬 옷을 입고 긴 원뿔형 모자를 쓰고 발에는 두꺼운 가죽장화를 신고 말방울을 달고 있다. 얼굴에는 헐렁한 베일을 쓰고 있어서 마치 얼굴 없는 귀신 같은 느낌을 준다. 이 가면을 쓴 사람들은 말 채찍을 흔들고 다니면서 자신들을 따라다니는 남자아이들을 무자비하게 내리친다. 순간 행렬은 난폭한 난장판이 된다. 이로 인해 때로 구경꾼들은 분노하고 가면을 쓴 이를 야만인 취급하기도 한다.

유럽에서는 서로 대조적인 성격을 표현하는 가면들이 짝을 이뤄서 등장하는 경우가 많다. 바스크 지방에서는 긍정적 의미의 '붉은 가장행렬'과 부정적 의미의 '검은 가장행렬'이 짝을 이루며, 품위 있고 행실이 바른 '자말쟁(목마인의 모습)'과 역겹고 음탕한 '칼데레로스(땜장이)'가 발견되기도 한다. 또한 같은 지역인 이투렌에서는 생기발랄하고 명랑한 '요알두나크'와 둔하고 지저분한 '아르트자(곰)'가 있다. 스위스 뢰첸탈에서는 공격적인 괴물 형상의 '체크게타'와 부드럽고 매력적인 '오치'가면이 대조를 이룬다. 독일 지방에서는 이상적인 인간 유형과 부정적이고 괴물 같은 동물 유형이 대조를 이루며, 신 라틴 문화권에서는 이와 반대로 괴물 같은 인간과 선한 동물상이 나타난다. 이탈리아 북부에서는 '비엘리니스'라는 잘생기고 멋진 가면과 '브루티니스'라는 못생긴 가면이 대비를 이룬다.

이와 같이 대조적인 두개의 가면은 세상을 양극단으로 나누어 보려는 세계관의 표현이다. 간혹 이 두개의 양 극단을 동시에 가진 광대가 나타나 판을 뒤엎어버리기도 한다. 여기서 가면은 규범에 얽매이지 않은 또는 '규범에서 벗어난' 자유로운 창조성의 발현체로 간주된다.

이러한 양 극단의 동시적인 표현은 매년 주기적으로 돌아오는 계절의 변화(파종과 수확 등)와 역사적·문화적 요소(성탄절, 사순절과 사육제, 부활절, 성령강림절 등)가 서로 복합적으로 연결되어 나타난다. 이러한 변화의 주기는 전이기라는 불확실한 시공간을 거치게 되는데, 이 시기와 공간은 이미 지나간 과거도 아니고 또 완전히 새로운 시기가 도래한 것도 아니기 때문에 때로는 위험한 상황에 처할 수도 있다. 이때 등장하는 대비적 성격의 가면들은 한편으로는 불확실성 속에서 양 극단이 자유롭게 표현됨으로써 궁극적으로는 인간이 직면하게 될지도 모르는 극한적인 위험을 경고하는 것이라고 볼 수 있다.

아놀드 반 제넵(A. Van Gennep)은 통과의례의 연구[20]를 통해서 우주적인 이행과정인 계절의 주기와 사회적 이행과정인 세대교체 사이에 분명한 연관성이 있음을 규정하고 이 두 종류의 이행과정이 가지는 연관성을 '분리기', '이행기', '재통합기'라는 삼단계로 설명하고 있다. 이것을 가면축제에 적용시키면, 가면축제에서 가면을 쓴 인간은 정체성의 변화를 경험하지만, 과도기적이면서도 위험할 수 있는 상태에서 분명하면서도 새로운 상태로 안전하게 이행할 수 있게 된다.

특히 축제는 겨울에서 봄으로 이행하는 시기에 많이 발견된다. 나뭇잎과 솔방울, 나무부스러기로 만들어진 아펜젤(Appenzell)의 겨울 마스크는 봄이 다시 오기를 바라는 마음을 표현한 가면이다. 루마니아에서 발견되는 양털로 만든 곰 가면은 동유럽의 대표적인 가면으로 풍요성과 다산성의 상징이다. 루마니아에서는 특히 곰과 염소를 형상화한 겨울 가면이 자주 발견된다. 봄을 상징하는 가면으로 대표적인 것은 이탈리아의 푸티냐노 카니발에서 나타나는 푸른색 얼굴에 초록색 나뭇잎으로 장식된 가면이다. 스위스의 발(Bale) 카니발에서는 봄을 알리는 푸른색 나뭇잎과 꽃으로 장식된 가면이 등장한다.

겨울에서 봄으로 바뀔 때는 다른 어떤 계절보다도 계절적 성격의 변화가 가장 심한 시기이기 때문에 인간의 삶에 미치는 영향도 가장 크고 이러한 급격한 변화의 시기에 가면의 사용은 급격한 변화에 대한 적응을 보다 더 용이하게 하는 것이라 볼 수 있다.[21]

현재 유럽 사회에서는 가면축제의 종교적이고 사육제적인 의미가 쇠퇴한 것은 분명하다. 그렇다고 해서 가면이 축제의 장식물로서만 기능한다고는 볼 수 없을 것이다. 비록 가면이 대단히 교묘하기도 하면서 효과적으로 축제의 의미를 전달하는 도구인 것은 분명하지만, 그것이 현대의 문명화된 사회에서 지속적으로 연희되면서 계속적으로 만들어지고 전수되고 있다는 사실은 과거 근원적인 사회에서는 갖지 못했던 새로운 의미와 기능을 획득하고 있기 때문일 것이다.

사육제적 축제에서 민속화된 축제로

가면을 사용한 축제는 다른 어떤 것보다도 시각적 효과를 극대화할 수 있고, 동시에 다양한 상징적 의미를 효율적으로 표현할 수 있는 장점을 가진다. 현재 유럽의 도처에서 연희되고 있는 가면축제들은 본래 그것이 근원했던 의미들이 그대로 전수되면서 세속적이고 일상적인 삶의 균형을 잡아주는 신성성을 표현하는 것이라고 해석할 수만은 없음이 자명하다. 많은 축제들이 과거의 삶의 연속선상에서 연희되기보다는 19세기 말 이후의 민족주의적 문화정책의 일환으로 하나의 '민속화된' 축제의 성격을 띠는 것도 많기 때문이다.

메스닐(1974)[22]은 「사육제적 축제의 장소와 시간」이라는 논문에서 전통적인 것이 유럽적인 문화적 소속감과 표현 형태 등으로 점차 민속이라는 범주 속에 포함되어 간다는 주제 하에서 축제가 사회와 실제 참여자로서의 인간들에게 얼마나 풍부한 진실을 보여 주고 있는가를 밝혀내고 있다. 이러한 시도는 축제적 현상들의 정형적인 측면만을 보려는데 지나치게 집착해 왔던 관점에서 벗어나고자 하는 것으로, 축제가 사회적인 삶의 통합적인 부분을 구성하는 것으로 간주된다. 즉 축제를 장소와 시간에 근거한 '맥락'이라는 관점에서 설명하고자 하였다.

　이 논문에서는 현재 도시적 맥락에서 사육제를 분석하고 있다. 즉 사육제는 '출생-죽음-부활'이라는 주기의 완성을 통해서 재생(revitalization)을 가능하게 하는 시간에 참여함으로써 공동체적인 구조 속에 있는 사회적 집단의 응집력을 재확인시키는 축제로 간주되는 것이 일반적이지만, 현재 연희되는 많은 축제들은 '도시화된 사회'의 모델이라는 특징을 가지고 있으며, 축제가 연희되는 '사회적인 장소'는 더 이상 '공동체적인' 형태를 보이지 않는다는 것이다. 준거 단위로서 선택된 전체적인 사회는 이 경우에 초도시적인 수준에 위치하게 되고, 여기서 도시는 '사회적인 기능'의 자율성을 잃어버린 '특수한 사회적인 틀'이 될 뿐이다.

　따라서 현재의 축제의 시간이나 장소는 이제 이 '사육제적인' 특성에 들어맞지 않게 된 것이다. 따라서 '도시화된 사회'

에 근거하고 있는 축제를 '사육제적인 것'과는 구별시켜 '민속화된 사육제' 또는 보다 일반적으로 '민속화된 축제'로 불러야 하는 경우가 많아졌다는 것이다. 사육제적인 축제와 민속화된 축제에 이 '민속화'의 일반적인 과정을 적용함으로써, '탈의미화' '탈신성화' '개체화되고 소비되는' 축제가 된다.

그는 이것을 빈시(Binche)의 사육제적인 축제를 통해서 살펴보고 있다.

벨기에의 빈시(Binche) 축제에 등장하는 '질(Gille)'이라는 중심인물의 분석을 통해서 연속적인 '탈의미화(désémantisation)'와 '재의미화(resémantisation)'의 과정, 즉 사육제에서 민속화로의 의미 변환를 발견할 수 있다.

빈시 축제는 사순절 전의 일요일부터 재의 수요일(사순절의 제1일)까지 벨기에의 작은 마을인 빈시에서 열린다. 모두 성인 남녀들로만 구성된 1,500명 가량의 사람들이 오후에 긴 행렬에 참여한다. 이들은 같은 단체에 포함되어 있으면서 일년 내내 긴밀한 관계를 유지한다. 전체 거주민이 9,000명 정도이고, 이 중 1/6에 해당하는 주민들이 축제에 참여한다.

마르디 그라(Mardi Gras)의 이른 아침에 빈시 카니발의 상징적인 인물인 질의 옷 입히기가 시작된다. 이 의식은 대단히 가족적인 분위기에서 행해지는데, 남자들이 가장을 하고 여자들은 이들을 돕는다. 질의 복장은 역사성을 가진 고대적인 전통과 현대적인 감각을 나타내는 요소들이 혼합되어 있다. 질은 혈색 좋고 감탄하는 표정의 가면을 쓰는데, 이것은 축제 동안 같이 모여서 음식을 먹을 때 여러 사람들을 맞이하기 위한 것이다. 오후에 질들은 금속 틀에 200 내지 300개의 타조 깃털로 장식한 모자를 쓴다. 옷을 부풀게 하는 밀짚, 여러 개의 작은 종이 달린 허리띠 등을 매는데, 이것은 고대 카니발 전통의 잔재로 보이며 서유럽의 여러 지역에서 비슷한 것이 발견된다.

질로 분장한 사람들은 모두 이곳에서 태어나서 살고 있고 같은 단체에 소속되어 있다. 이들이 준비를 하고 있는 동안 축제의 절정을 알리는 북소리가 흥겹게 울려퍼진다. 외부 관중들이 마을에 밀어닥치지 않은 아침에 질로 분장한 이들은 마을을 거닌다. 빈시의 사육제적 축제의 기원은 14세기로 알려져 있으나 기록이 충분하지 않다.

빈시 축제에서 볼 수 있는 다양한 축제적인 구성요소들은 전통적인 농촌적 관습에 얽매어 있으면서 여기에 근원을 두고 있다. 질이라는 인물의 이미지는 100년 정도 된 것으로 알려져 있다. 1850년 이후 빈시의 경제적 활동이 대단히 왕성하고 부르주아 계층이 빠른 속도로 부유해지면서 이곳이 중심 지역이 되기 시작한 이후 지금의 질의 이미지로 변형되었다. 권력을 소유한 계층이 축제를 주도하게 되면서 '질'이라는 축제적 인물은 기존의 '우스꽝스러운 광대' 역할을 벗어버리고 위세와 호화로움을 표현하게 된 것이다.

'도시화된 사회'에서 벌어지는 빈시 카니발은 전체적인 사회와의 관계에서 볼 때, 축제의 '사육제적'이고 '민속화된' 특징들, 특히 '스펙터클화된' 요소들을 중첩적으로 포함하고 있다. 여기서 질이라는 인물은 이것의 가장 표상적인 생산물의 하나가 되는 것이다.

메스닐은 자칫 화석화된 설명에 머무를 수 있는 민속축제가 현대 도시사회에서 새로운 의미를 획득하는 과정을 분석적으로 설명해 내면서 축제분석의 폭과 깊이를 심화시켰다.

현대 서구 사회의 축제 의미와 사례들

종교적 축제의 잔존

현대 사회에서 벌어지는 축제의 대부분이 그 기원에 있어서는 종교적인 의미를 가진 것이 많지만, 현재는 종교적 신성성보다는 세속적 여흥거리로 대부분 그 본래의 성질이 변화되었다. 대부분의 기성 종교들은 소위 구세(救世) 축제라는 이름의 축제를 가지고 있다. 특히 각 종교들의 종교력을 보면 이러한 측면들이 분명히 나타난다. 불교에서는 석가탄신일, 성도절(成道節 : 석가모니가 깨달음을 얻은 날), 열반절(涅槃節 : 석가모니가 이승의 삶을 마치고 입멸한 날) 등을 축일로 하고 있고, 이슬람에서는 한 달 간의 라마단을 마치고 삼일 간 축제를 벌이는 이드(EID)[23]가 있다. 기독교는 불교와 이슬람과 비교하면 많은 축일을 가지고 있다고 볼 수 있다. 잘 알려져 있는 바와 같이 대부분의 기독교 중심 사회에서 현재도 벌어지고 있는 부활절, 성령강림절, 크리스마스, 만성절(萬聖節, Toussaint : 축일이 없는 모든 성인들과 죽은이를 기림) 등이 있다. 특히 가톨릭 전통이 강하게 남아 있는 곳에서는 비교적 종교적 성향이 강한 축제가 이어져 내려오고 있다.

종교축제로서 현재에도 활발히 연희되고 있는 대표적인 것 중 하나가 러시아의 마슬렌니짜 축제이다. 마슬렌니짜 축제는 러시아의 대표적인 계절축제이자, 그리스정교에서 지정한 부활절 전의 대육식금지기간을 준비하는 기간에 벌어지는 축제이다. 러시아에서는 988년에 통일국가에 적합한 새로운 종교로서 기독교를 수용하였으나 토착신앙과의 융화과정에서 많은 갈등을 경험하였다. 이러한 문제를 해결하기 위해서 기독교 성인들과 토착신앙의 신들이 동일시되었고, 이들 신들을 교회 안으로 흡수하여 축제 속에 포함시켰으며, 이러한 과정에서 전통적 축제들이 그리스 정교 축일로 대체된다. 소비에트 정부가 수립되었을 때는 마슬렌니짜 축제에서 종교성이 배제되기도 하였으나, 소비에트 정부가 붕괴된 이후에는 이 축제가 동방정교회 축제로 부활하면서 민족정체성을 확인하는 기회로 작용하기도 하였다. 겨울축제로서 서방 교회 카니발에 해당하는 마슬렌니짜 축제에서 벌어지는 다양한 행사들(남성들의 주먹싸움, 헝겊과 방울로 장식된 썰매타기, 떠들썩한 음식잔치, 얼음 구멍 속에서 목욕하기 등)은 고대의 토착신앙에서 나타나있던 풍요제식과 조상숭배의 특성 그리고 기독교적 육식금기 기간을 준비하는 사육제로서의 종교적인 특성을 동시에 보여주고 있다.

종교성·역사성·유희성의 결합

이 두 번째 범주에 속하는 축제들이 최근에 올수록 많은 관심을 끌고 있다고 볼 수 있다. 즉 적당한 종교성은 축제의 정당성의 근거가 되는 동시에 현대인들의 욕구를 충족시킬 수 있는 다양한 연희형태들이 포함되어 있기 때문이다.

사실 대부분의 축제들이 종합적으로 여러 다양한 복합적인 요소들을 포함하고 있는 경우가 많기 때문에 분명한 경계를 지어 구분하는 것에는 무리가 따른다. 흔히 카니발이라는 명칭으로 불리는 축제들이 이 부류에 속하는 가장 대표적인 것이라고 볼 수 있다.

앞에서도 간단히 살펴본 바와 같이 흔히 카니발은 기독교의 사순절에 앞서 펼쳐지는 사육제 내지 고대 디오니소스 제전에 기원을 둔 광란의 축제로 알려져 있다. 가장 널리 알려진 축제로는 베니스 카니발, 브라질의 리오 카니발, 독일의 쾰른 카니발, 영국의 노팅힐 카니발 등이 있다.

본래 기독교적 사육제와 관련을 가진 카니발은 보통 중세시대의 교회와 세속 권력과의 갈등이 축제 속에서 표현되는 것으로 알려져 왔으나 현재 연희되고 있는 카니발의 상당수는 이러한 기독교적 전통과는 상당히 거리를 두고 있거나 아니면 어떠한 상관관계도 가지고 있지 않은 것이 많다. 예를 들어 브라질의 리오 카니발은 19세기에 남유럽에서 들어온 것이며, 그 규모가 가장 큰 것으로 유명한 영국 노팅힐 카니발은 1965년에 처음으로 거행된 것으로 노동자들의 축제였다가 후에 인종과 계층을 뛰어넘는 종합예술축제로 발전하였다.

이탈리아의 베니스 카니발

베니스 카니발이 활성화된 것은 20여 년에 불과하지만, 그 근원은 꽤 오랜 과거까지 거슬러 올라간다. 베니스 카니발은 10세기 후반부터 사순절이 되기 전 대중들이 즐겼던 여흥거리와 관련이 있고 1296년 베니스 공화국 의회가 사순절 직전의 마지막 날을 축일로 지정하면서 공식적인 축제가 되었다.

12~13세기까지 거슬러 올라가면, 당시 베니스는 대단히 융성했으며, 이러한 상황은 특히 16세기 터키와의 전쟁에서 대승을 거두면서 절정에 달했다. 그 이후로 베니스는 '카니발의 도시'로 불리면서 매년 카니발이 벌어졌다. 베니스에서 가면이 사용되기 시작한 것은 1204년 베니스의 총독이 제7차 십자군 원정을 통해 점령한 콘스탄티노플에서 베일을 쓴 무슬림(이슬람) 여인들을 데려오면서 유래했다고 전해지기도 한다. 가면은 카니발 기간이나 결혼식 등에서 사용되었다. 1339년에는 밤에 가면을 쓰고 시내를 돌아다니는 것을 금지했으며,

1458년에는 남자들이 여장을 하고 수도원을 드나들지 못하게 하는 규정을 만들었다고 한다. 17세기를 넘어서면서는 베니스 공화국에 심각한 문제를 야기할 정도로 연중 많은 기간에 가면이 착용되었기 때문에, 1608년에는 카니발 기간과 공식 연회를 제외한 시기에는 가면 사용을 완전히 금지시키는 법령이 제정되었다. 이 법을 어기면 남자는 옥살이를 해야 했고, 여자는 산 마르코 광장에서 채찍질을 당하고 추방되기도 하였다. 그 후 1658년에는 신성한 장소에 가면을 쓰고 가는 것을 금지했고, 1699년과 1718년에는 사순절과 카니발 기간이 포함된 종교적 축일에도 가면을 쓰는 것을 금지하였다.[24]

그러나 1776년에는 법령에 의해 여성들이 연극을 보러갈 때는 반드시 가면을 쓰고 망토를 입어야 했다. 그 후 베네치아 공화국이 멸망한 이후에야 축제 때 가면 사용이 허용되었다. 이것이 베니스 가면축제의 기원이 된다. 공화정이 무너지는 등의 정치적 격변 속에서 가면 카니발이 금지되었고, 몇몇의 작은 섬들에만 남았다. 그 후 1970년대에 베니스 시의 시민단체들이 카니발을 되살리기 위한 노력을 기울여 1979년부터는 재의 수요일 이전 10일 동안 카니발 축제를 다시 벌이게 되었다. 베니스 카니발에서는 여러 다양한 행사들이 펼쳐지는데, 가장 특색 있는 것이 가면 및 의상대회라고 할 수 있다. 관광객뿐만 아니라 시민들이 가면을 쓰고 거리를 활보하는 것은 아주 화려한 구경거리가 되고 있다.

브라질의 리오 카니발

현재 브라질에서 벌어지는 리오 카니발은 한 여름에 벌어지고 있다(1월말에서 3월 초에 벌어지는데 절기상 여름에 속한다). 본래 이 카니발은 고대 로마와 그리스의 이교도들의 의식에서 시작된 것으로 19세기에 이탈리아로부터 도입된 것이다. 기독교적 모든 억압에서 해방되는 자유로움을 만끽한다는 것이 지나쳐서 엄청난 규모의 춤판, 퍼레이드, 노출, 음주, 폭력, 때로는 사람의 목숨을 잃는 사태까지 벌어지기도 한다. 인간이 일상적 제약에서 벗어나게 될 때 나타날 수 있는 일탈현상의 극단적 양상을 보여 주는 것이라고 볼 수 있다. 리오 카니발에서 유명한 삼바 춤 퍼레이드가 현재와 같은 형태로 고정된 것은 1980년대의 초반이다. 삼바 학교라는 이름의 삼바 춤 결사체가 있어서 나름대로 특색이 있는 의상과 춤을 겸비하고 정기적으로 모여서 축제행렬을 준비한다.

스페인의 산 페르민 축제

유럽 남부 지역에서는 스페인 바스크 지역의 팜플로나(Pamplona)에서 벌어지는 산 페르민 축제(San Fermín)를 비롯한 다양한 소놀이 축제를 흔히 발견할 수 있다.

매년 7월에 나바라(Navarra) 주의 수도인 팜플로나에서 벌어지는 이 축제의 기원은 정확하게 알려져 있지는 않으나 13~4세기경으로 추정된다. 역사적으로 산 페르민 축제는 세 가지 축제가 융합된 것으로 알려진다. 성인인 산 페르민을 기넘하는 종교축제와 14세기경부터 유래된 상업적 축제, 그리고 투우 경기를 중심으로 한 소축제가 그것이다. 본래는 10월에 열리던 축제였으나 이 축제에 춤, 음악, 희극, 투우 등이 결합되면서 시의회에서 7월에 열도록 결정하였다. 이렇게 세 가지 축제가 결합한 형태로 열리기 시작한 것은 1591년부터이다. 17, 18세기 축제에는 종교적 색채가 두드러졌고, 19세기에는 여자를 대포에 넣고 쏘는 오락성 경기가 추가되었으며, 가면을 쓰고 분장을 한 형태의 행렬이 이 시기에 추가되었다.

이 축제에서 무엇보다도 가장 유명한 것은 축제가 벌어지는 기간 내내 아침 8시에 반복되는 소몰이(entierro) 때문이다. 오후 투우에 쓸 소를 투우장까지 연결되는 거리에 풀어 소들이 질주하도록 한다. 수백 명의 젊은이들이 흰 옷을 입고, 허리에 빨간색 천을 두르고 소를 앞질러서 달린다. 800여 미터의 중앙로에는 여섯 마리 정도의 소가 달린다. 사람들은 소몰이를 시작하기 전에 수호성인에게 소몰이를 무사히 마칠 수 있도록 기도한다. 물론 경호원들과 응급요원들이 자리를 지키고 있기는 하지만, 너무나 많은 사람들이 참여하면서 위험이 늘어나고 있다. 1924년부터 1997년까지 이 축제에 참여하다가 사망한 사람은 14명이나 되며 200여 명의 부상자가 생긴 것으로 기록되어 있다. 사실 이 소몰이는 단 5분 정도면 끝나 버리는 것이고, 이 외에 여러 다양한 행사들이 준비되어 있지만 이 소몰이가 산 페르민 축제를 대표하는 것으로 알려져 있고, 이것을 중심으로 축제가 홍보되고 있다.[25]

지역민의 화합과 문화정체성의 표현

사실 많은 축제들이 연희되고 있지만, 현재적이고 실질적인 지역주민들의 삶을 직접 반영하고 있는 축제는 그 중요성에 비하면 그다지 알려져 있지 않은 편이다. 관광객을 끌어들이기 위한 홍보를 통해서 널리 알려진 축제들과 달리 이 부분에서 소개될 축제들은 비교적 역사적 전통도 깊으면서 지역주민들의 직접적인 참여 정도가 대단히 높은 것이 특징이다. 우선 축제가 지역주민의 실제적 삶(정치적, 경제적, 역사적)과 밀접하게 관련되어 있으면서 지역의 사회·문화적 특징들이 축제에 자연스럽게 스며있어 지역주민들의 여흥거리인 동시에 지역의 홍보 효과까지 낼 수 있는 장점을 가지고 있다.

남프랑스의 수레행렬축제

특히 남프랑스의 프로방스 지방에 가보면, 초여름에서 초가을에 걸쳐서 '수레축제'라는 전통적 축제가 여러 마을에서 거행되고 있는 것을 흔히 발견할 수 있다. 수레 축제에는 가톨릭적 전통과 농경생활, 말과 소와 인간의 관계, 왕의 권위와 프랑스 대혁명, 좌파와 우파의 정치적 분쟁, 경제체계의 변화 등이 복합적으로 표현되고 있다. 이 축제가 비록 외형적으로 보다 더 화려해지고 지속적으로 관광적인 요소가 포함되고 있지만, 지역주민들이 여전히 적극적으로 참여하고 전통을 준수하고자 하는 의지를 가지고 있기 때문에 매년 성대하게 거행되고 있다. 지역주민들은 자신들의 축제가 지나치게 관광의 대상이 되는 것을 경계하면서도 외부인들의 관심을 끌 만한 요소들을 매년 만들어 내면서 전통축제를 새롭게 재창조하고 있다. 이들은 경제적이거나 실질적인 이득과는 전혀 관계가 없는 이 축제의 준비와 연행에 적극적으로 참여하기 위해서 휴가를 내고, 축제 준비기금을 추렴하기 위해서 뜨거운 여름날 마을의 구석구석을 돌아다니기를 마다하지 않는다. 마을주민들은 매년 같은 과정을 반복하면서도 매년 그 축제를 기다리며 한 해의 축제가 끝나면 고취된 연대감과 문화적 정체성 그리고 자부심으로 일상적인 삶을 새롭게 충전시킨다.

　이 지역에서 가장 흔히 발견되는 성인 엘로아 수레행렬축제

프랑스 프로방스 지방의 민속집단.
프로방스 방언 사용을 위한 여러 활동을 하고 있음.

프로방스 부락주민들의
여장 퍼레이드.

는 말과 귀금속의 성인이었던 엘로아 성인을 중심으로 프랑스
의 가톨릭과 과거의 거대 밀경작 지주, 정치적 우파, 보수주의
자들을 상징하는 축제로 연희되어 왔다. 현대에 들어오면서 프
로방스 지역의 전통, 민속, 역사적 요소 등이 가미되었다. 현재
도 가톨릭이 상당히 강조되어 축제가 시작되기 전의 종교적
미사를 지역 방언으로 올리고, 축제연희 중에 성당의 사제로부
터 축성을 받는 등, 비교적 종교성을 강하게 유지하고 있으면
서도 오락성을 가미하여 더욱더 그 규모가 커지고 있다.

유사한 수레축제이지만, 그 성격이 다른 마드렌느 축제가
있다. 이 축제는 동일한 수레축제이지만, 성인 엘로아 축제와
는 반대로, 공화주의적 전통과 사회주의 그리고 정치적 좌파
등의 이념을 상징한다. 특히 현재 이 지역에서 널리 행해지고
있는 야채과일이라는 만물경작자들의 축제임을 강조하면서

성 엘로아 축제행렬에 참여한 아이들.

좌–마드렌느 수레의 뒷부분. 지역에서 생성되는 야채·과일로 장식.
우–마드렌느 수레행렬의 선두의 말. 프랑스 혁명 200주년 기념으로 제조한 마구 삼색(빨강–자
유, 파랑–평등, 흰색–박애)으로 이루어져 있다.

지역의 경제·정치적 특징을 매우 효율적이고 직접적으로 전
달하고 있다. 이 축제는 축제적 볼거리(화려한 수레장식)와 여
흥거리를 제공하고 있다고 알려져 있다. 유사한 수레축제인
카레토–라마도 축제, 생–로크 축제, 생–오메르 축제 등은 모두

장식된 수레에 30-50여 마리의 말을 연결시켜 행렬시키고, 현재까지도 이 지역에서 주민들의 적극적인 호응을 얻으며 연희되고 있다.

에딘버러 축제

수레축제가 비교적 오랜 역사적 기원을 가지며 지역주민들에 의해 자체적으로 생긴 축제라면, 다음에 제시될 축제들은 특정 목적을 달성하기 위해서 기획된 축제들이다. 그럼에도 불구하고 현재 지역민들의 적극적인 호응 속에 연희되는 이유를 살펴보기로 하자.

대표적인 것으로 스코틀랜드의 에딘버러 축제가 있다. 이 축제는 현재 '유럽의 꽃'으로 불릴 정도로 유명하며, 축제를 통한 지역 개발의 대표적인 예로 손꼽힌다. 이 축제가 고안된 이후 에딘버러 시는 일년 내내 축제가 끊이지 않으며(군악대축제, 영화축제, 민속축제, 어린이축제, 책축제, 과학축제 등 20여 종의 축제가 있다), 8월에 그 절정을 이룬다. 특히 에딘버러 페스티발이라고 불리면서 에딘버러 시 전역에 걸쳐 연극, 무용, 오페라, 전시회, 오케스트라, 퍼포먼스, 거리공연 등 다양한 장르의 공연과 전시가 이루어진다. 이 축제는 1947년에 시작되어 현재 50여 회를 넘기고 있다.

이 축제에서 가장 많은 관심을 끄는 부분은 '프린즈(Fringe)' 공연, 즉 다양한 사이드 공연이다. 프린즈 공연은 소규모 단체들의 자발적인 공연으로 시작되었고, 공연에 대해서는 어떠한

예술적 심사도 받지 않는다. 밴드의 공연, 코메디극, 바디페인팅 등의 길거리 퍼포먼스 등이 다양한 형태로 존재한다. 이 공연은 어떠한 제한도 받지 않기 때문에, 널리 알려지지 않았지만 장래성이 큰 신선하고 훌륭한 작품들을 만날 수 있는 좋은 기회를 제공한다. 즉 공연하는 사람에게는 자신의 재능을 마음껏 발휘할 수 있는 동시에 대중의 평가를 받을 수 있는 기회이며, 관람자는 무료 또는 비교적 저렴한 비용으로 좋은 작품을 감상하고 평가내릴 수 있는 기회를 갖는 것이다.

이 축제가 일반적인 지역축제와 다른 점은, 대부분의 지역축제들이 그 지역의 '전통'을 기반으로 발전되는 것에 반해 이 축제는 주로 예술 공연과 전시를 하는 지극히 현대적인 개념을 토대로 하고 있다는 것이다. 이 축제가 시사하는 바는 조작적으로 창출된 축제가 어떻게 그 지역의 고유한 것으로 받아들여지는가를 보여 준다는 점이다.

뮌헨의 맥주축제

역사적 유래가 비교적 오래된 것이면서도 현재 지역의 사회·경제적 토대를 충분히 반영하여 실질적인 효과를 내고 있는 축제로 독일 뮌헨의 맥주축제(Oktoberfest)를 들 수 있다.

이 축제는 1810년 바이에른 왕국에서 루드비히 황태자와 테레제 공주의 성대한 결혼식을 축하하는 경마대회로부터 유래한 것으로 전해진다. 결혼식을 축하하고자 전 왕국의 백성들이 각 고을에서 만든 고유의 맥주를 마차에 싣고 몰려들었다. 그들은 황태자에게 자기 마을의 맥주를 진상해 맛을 보게 했고, 남는 것은 다른 마을의 것과 교환하며 마셔보고 맛을 비교하는 자리를 마련하기도 했다. 전쟁과 전염병 등으로 간헐적으로 중단된 것을 제외하고는 1949년부터는 다시 본격적으로 시작되어서 지금까지도 계속되고 있다.

만 명도 넘는 사람들이 들어갈 수 있는 텐트가 쳐지고, 시 인구의 5배가 넘는 사람들이 북적대고(700만 인구), 시에서는 7,000억 원의 수익을 올린다고 한다.

지역 홍보와 관광자원으로서의 축제

관광객으로서 특정 지역을 방문했을 때 가장 흔히 발견되는 축제가 여기에 해당될 것이다. 역사적 유래는 그다지 오래되지 않았지만 지역적 특성, 예를 들어서 자연물이나, 특산물, 민속적 요소 등이 다양한 축제적 여흥거리와 결합되어서 하나의 축제연희 형태로 개발된 것이 이 부분에 포함된다고 볼 수 있을 것이다.

지역의 특산물과 관계된 것으로는 프랑스의 포도축제나 꼬냑 축제, 네덜란드의 튤립 축제 등을 들 수 있다. 프랑스 앙굴렘의 만화축제는 만화 관련 출판사들의 행사에서 발전한 축제이며, 프로방스 아를르 시의 페굴라도(Pegoulado) 축제는 전통 의상이나 음악, 무용 등 지역의 민속적인 요소들로 구성된 축제이다.

지중해변의 소놀이축제

　스페인과 프랑스 지중해 변에서 주로 발견되는 소놀이 축제는 이 지역의 특징적 동물이지만, 그다지 긴요한 용처를 찾지 못했던 야생방목 소를 이용해서 성공한 축제이다. 그러나 이 지역에서 검은색의 야생방목 소는 단지 자연생산물에서 그치는 것이 아니라 지역민의 지역적·문화적 정체성과도 긴밀한 관계를 가지고 있다. 현재 투우나 소몰이 놀이에 사용되는 소들의 용도는 이 지역에서 세 단계에 걸쳐서 변화를 경험하였다. 즉 농경의 도구, 식용(육질이 그다지 선호되는 것이 아니었기에 거의 멸종 직전의 단계에까지 이름) 그리고 여가 향유의 대상이 그것이다. 양차 세계대전 이후 점차 여가문화가 확산되기 시작하고 법정 휴가일 수가 증가되면서 유럽 북부의 도시민들이 전원적 정취를 찾아 남부로 몰려오기 시작하고 거

프로방스 투우 장면.

의 사라져가던 소들이 다시 급속도로 그 수가 증가되기에 이른다. 현재는 전문적인 소목축 집단들까지 생겨 투우 경기나 소몰이 놀이가 있는 곳에 황소들을 대여해주고 있다.

소몰이 축제에는 소의 목숨을 끊는 스페인 투우경기(corrida)나, 소머리에 리본을 매달아 떼어내기 경기를 하는 프로방스 투우경기(course provençale), 길거리에 소들을 풀어놓거나(encierro) 말탄 기수들의 조종을 받으며 소들이 마을의 중앙로를 왕복하면서 구경꾼들로 하여금 만질 수 있게 하는 놀이(abrivado)가 있다.

망똥의 레몬 축제

특산물축제이자 관광문화축제로 널리 알려진 축제로 망똥(Menton)의 '레몬 축제'가 있다. 20세기 중반 관광산업이 발달하기 시작하면서 망똥은 니스, 칸느 등과 더불어 고급 휴양지가 되었으며, 매년 2월 레몬 축제를 벌인다. 현재 이 축제는 매년 40만 명 이상의 관광객을 끌어들이는 세계적인 관광문화축제가 되었다. 레몬 축제는 1895년 숙박업계에 종사하는 주민들이 침체된 도시 분위기에 활력을 불어넣기 위해 가장행렬을 추진하게 되고 이것이 후에 레몬 축제로 발전하였다. 게다가 1929년 당시 망똥은 유럽 대륙에서 레몬 생산량이 가장 많은 도시이기도 하였다.

레몬 축제는 매년 2월, 17일 동안 사육제 기간에 열린다. 어린이 가장무도회를 시작으로 시내 중심에 레몬과 오렌지로 만든 대형 구조물이 세워지고, 레몬과 오렌지로 장식된 대형 마차, 전통의상을 입은 주민들의 퍼레이드가 펼쳐진다. 이외에도 난초축제, 수공예품 전시와 특산품 판매가 이루어진다.

레몬 축제가 현재와 같은 성공을 거두게 된 데는 특산물축제를 단순한 물건의 전시에서 머무는 것이 아니라 '이야기가 있는 테마 축제'로 승격시켰으며, 공문서에 레몬 문양을 넣고, 질 좋은 레몬을 생산함으로써 레몬을 지역의 상징물로 인식시키는데 성공하였기 때문이다.[26]

이러한 범주에 포함되는 대부분의 축제 역사는 비교적 짧지만 흥미 유발성이나 사람들의 참여 비율이 대단히 높아서 지역의 중요한 관광 상품임과 동시에 지역의 문화정체성을 높이는데 상당한 기여를 하고 있는 것으로 평가되고 있다.

한국의 축제

한국 축제의 원류

부여의 정월 영고(迎鼓), 고구려의 10월 동맹(東盟), 예의 10월 무천(舞天) 등은 모두 하늘에 대한 제사를 지내고, 나라 안 사람들이 모두 모여서 음주가무를 하였던 일종의 공동 의례였다. 이것은 상고시대 부족들의 종교·예술 생활이 담겨 있는 제정일치의 표현이라고 볼 수 있다. 제천행사는 힘든 농사일과 휴식의 관계 속에서 형성된 농경사회의 풍속이다. 씨뿌리기가 끝나는 5월과 추수가 끝난 10월에 각각 하늘에 제사를 지냈는데, 이때는 온 나라 사람이 춤추고 노래 부르며 즐겼다. 농사일로 지쳐 있는 피곤을 풀며 모든 사람들이 마음껏 즐겼던 일종의 공동체적 축제이자 동시에 풍년을 기원하고 추수를 감사하는 의식이었던 것이다.

즉, 천신에 대한 제사, 자연에 대한 감사, 흥겨운 놀이판이 서로 어우러지면서 문화적 공감대를 구성하고, 일체감을 향유하며, 국가적 이념 축을 확고히 세울 수 있었다는 것이다. 이것은 5월 단오와 10월 상달의 풍속으로 전해지게 되었다.

이러한 고대의 축제는 국가적 공의(公儀)와 민간인들의 마을굿이라는 것으로 나뉘어져서 전해 내려오게 되었다. 이것은 사졸들의 위령제였던 신라의 '팔관회(八關會)'를 거쳐 고려조에서는 일종의 추수감사제 성격의 공동체 신앙으로 10월에 개최된 '팔관회'와 새해 농사의 풍년을 기원하는 성격으로 정월 보름에 향촌 사회를 중심으로 향촌 구성원을 결속시켰던 '연등회'라는 두 개의 형식으로 구분되어서 전해 내려오게 되었다. 팔관회는 지배 계층의 결속을 강화하는 역할을 하였고, 연등회는 농경의례적인 성격의 종교집단행사였다고 볼 수 있다. 오늘날의 한가위 추석도 이런 제천의식에서 그 유래를 찾을 수 있다.

조선조에서는 연등회나 팔관회가 사라지고 중국의 영향을 받아 산대잡극이 성행했다. 즉 광대줄타기, 곡예, 재담, 음악 등이 연주되었다. 즉 공연자와 관람자가 분명히 구분되었고, 직접 연행을 벌이는 사람들의 사회적 지위는 그들을 관람하는 사람들보다 낮은 것으로 평가되었다. 그러나 민간차원에서는 마을굿이나 두레가 축제적 고유 성격을 유지하였다. 즉 도당

굿, 별신굿, 단오굿, 동제 등이 지역민을 묶어주는 역할을 하였다는 것이다.

그러나 현대로 들어오면서 우리는 우리의 이러한 축제적인 전통을 이어 내려오지 못하였다. 특히 일제하에서 고유의 민속놀이는 미신 행위로 간주되어서 버려야 할 것으로 강제되었다. 따라서 해방된 이후에도 조선조의 유교 개념으로 이단시된 놀이의 개념이 나태와 동의어로 전수되었으며, 이것에 대한 의문을 제기할 겨를도 없이 이데올로기 투쟁, 6.25 전쟁, 경제난 등으로 '지극히 낭비적인' 축제에는 관심조차 두지 못했다. 그러나 이러한 경향은 최근에 다시 급변하게 된다.

한국 축제의 현 실태

80년대 후반을 넘어오면서 축제의 수와 종류가 급격히 증가하게 되었다. 문화체육부 통계에 의하면(『한국의 지역축제』) 1996년 전체 축제의 수는 412개였는데, 1999년 문화관광부의 「'99 지역문화행사현황」에서는 793개로 축제의 수가 거의 두 배 가량 증가한 것으로 나타났다. 특히 95년 지방자치가 자리 잡기 시작하면서 각 자치단체를 중심으로 지역적 특성을 강화하여 정체성을 확고히 드러내면서 지역주민의 화합을 도모하려는 축제들이 관 중심으로 조직되어 상당한 예산이 소요되기도 하였다. 장기간에 걸친 계획에 근거해서 실행되지 못했기 때문에 현재까지 많은 문제점을 드러내고 있는 것이 사실이다. 그렇지만, 일단 축제 수의 양적인 증가는 전 국가적으로 축제에 대한 일반인들의 관심을 고조시키는데 나름대로 긍정적인 영향을 미쳤다고 볼 수도 있을 것이다.

여러 축제들을 주제별로 나누어보면 다음과 같다.

첫째는 '마을굿으로서의 축제'가 있는데, 대표적인 예로는 강릉단오제, 하회별신굿탈놀이 등을 들 수 있다.

둘째는, '지역정체성의 강화'라는 것을 주 목적으로 하는 축제를 들 수 있는데, 이것은 다시 종류별로 3가지로 나눌 수 있다. 지역의 전통을 중시하고자 하는 영암왕인문화축제, 산성백제문화제, 수원화성문화제, 남원춘향제, 전주풍남제 등이 있고, 지역의 자연적 특성을 강조하는 대관령눈축제, 유채꽃잔치, 진도영등제, 무안연꽃축제 등이 있으며, 지역의 특산물을 중심으로 연희되는 하동야생차축제, 강진청자문화제, 풍기와 금산의 인삼축제, 양양송이축제 등이 있다.

셋째는, '관광과 여흥거리'로서의 축제를 들 수 있는데, 도자기축제, 김치축제, 음식축제, 문화예술제 등으로 불리는 축제들이 여기에 포함될 것이다.

넷째는, '도시적 성격'의 축제를 들 수 있는데, 명동거리축제, 신촌거리축제, 대학로청소년축제 등이 있다. 대부분의 축제들이 특정 지역을 중심으로 연희되는 것에 반해서, 이 도시적 성격을 가지는 축제들은 유동 인구가 많은 대도시에서 벌어지는 것으로 특정 세대나 계층 또는 특정한 목적을 달성하기 위한 경우가 많다.

각 자치단체별로 연희되는 축제들을 정리하면 다음과 같다.

서울 38개 ; 대학로청소년축제, 명동축제, 살곶이벌문화 축
제, 용두문화제, 북한산축제, 신촌문화 축제, 관
악산철쭉제, 서초문화제, 산성백제문화제 등

부산 24개 ; 부산바다축제, 자갈치문화관광축제, 동래충렬제,
해운대축제, 수영문화예술제, 차성문화제 등

대구 12개 ; 달구벌축제, 팔공축제, 날뫼축제, 두류축제, 달
성군민축제, 약령시 등

인천 13개 ; 신포젊음의 거리축제, 화도진축제, 강도문화제 등

광주 7개 ; 무등축전, 고싸움놀이축제, 태봉대축제 등

대전 10개 ; 한밭문화제, 우암문화제, 갑천문화제, 신탄진봄
꽃제 등

경기도 49개 ; 화홍문화제(수원), 복사골예술제(부천), 성호문
화제(안산), 시민한마음축제(의왕), 이천도자기
축제, 양주별산대놀이, 반월문화제(포천군), 안
성마춤포도배축제 등

강원도 31개 ; 춘천마임축제, 치악문화예술제(원주), 강릉단
오제, 태백산철쭉제(태백), 대관령눈꽃축제(평
창), 정선아리랑제, 단종문화제(영월), 현산문
화제(양양) 등

충북 18개 ; 우륵문화제(충주), 제천의병제, 지용제(옥천군), 괴
산문화제, 소백산철쭉제(단양군) 등

충남 27개 ; 성환배축제(천안), 동학사봄꽃축제(공주), 만세보
령문화제(보령), 연산백중놀이(논산), 금산인삼제,
예산능금축제, 황도붕기풍어제(태안군) 등

전북 32개 ; 풍남제(전주), 벚꽃예술제(군산), 춘향제(남원), 벽
골문화제(김제), 비봉수박축제(완주군), 마이산벚
꽃축제(진안군), 무주구천동철쭉제(무주군), 고창
수박축제 등

전남 51개 ; 유달산꽃잔치(목포), 진남제(여수), 남도음식대축
제(순천), 백운산약수축제(광양), 보성다향제, 제
암철쭉제(장흥군), 강강술래향토축제(해남군), 왕
인문화축제(영암군), 함평천지한우축제, 장성백
양대축제, 진도영등제 등

경북 35개 ; 영일만축제(포항), 신라문화제(경주), 안동민속축
제, 영양고추축제, 청도투우대회, 사곡작약꽃축
제(의성군) 등

경남 52개 ; 천주산진달래축제(창원), 처용문화제(울산), 한려
수도동백축제(통영), 진영단감제(김해), 밀양아랑
제, 옥포대첩기념제전(거제), 화개장터벚꽃축제
(하동군), 천령제(함양군), 거창사과축제, 개천예
술제(진주) 등

제주 13개 ; 유채꽃큰잔치(제주), 칠선녀축제(서귀포), 성산일
출제(남제주군) 등

2001 이천도자기축제.

　이러한 축제들 중에 대구 약령시, 강릉단오제, 남원춘향제, 진주개천예술제 등은 1900년도 이전에도 비교적 정기적으로 벌어졌던 축제로 간주되고 있다. 특히 강릉단오제는 조선시대에도 개최되었다는 기록이 있다.

　그 이외의 대부분의 축제는 1950년대 이후에 생겨난 것이다. 축제 수는 1970년대까지 한 자리 수로 증가하다가, 1980년대 이후에는 두 자리 수로, 그리고 1990년대를 넘어서면서 매년 더욱더 가파르게 증가하고 있다. 1994년 이후에 생겨난 축제가 현재 연희되고 있는 축제의 50%를 넘는다고 봐도 무방할 것이다.

축제 수의 급격한 증가는 축제에 대한 일반인들의 관심의 증가와 밀접한 관계가 있을 것이며, 또한 자치단체에서는 지역축제의 육성과 지역 발전을 동일선상에서 보려하고 있음을 알 수 있다. 그러나 축제의 양이 이렇게 급격하게 증가하는 것은 많은 문제점을 노출시키고 있다. 구체적으로 문제점을 지적하기 전에 비교적 오랜 역사를 가지며 주민들의 참여도가 상당히 높은 것으로 평가되고 있는 강릉단오제를 살펴보기로 하자.

단오제

과거에는 상당히 중요한 비중을 가진 축제적 연희행사였으나 현대로 오면 올수록 그 중요성이 상당히 약화되어가고 있는 세시의례 중의 하나가 단오제이다. 과거에 단오제는 추석이나 설에 버금가거나 또는 그것들보다 더 중요한 의미를 가졌었다. 현재는 법정공휴일로도 지정이 되지 않고, 그다지 주목받고 있는 세시의례는 아니지만 전통적인 지역축제의 하나로 지금도 활발히 연희되는 곳이 있다. 강릉의 단오제, 전주 풍남제, 남원 춘향제가 모두 단오날을 전후해 벌어지는 지역축제이다.

우선 전주 풍남제는, 5월 단오절을 중심으로 1주일 동안 벌어지는 전주시의 축제이다. 축제의 여러 행사는 종합경기장, 실내체육관, 시청앞 광장, 길거리 등에서 벌어지며, 약 140만 명이 관람한다. 풍남제에 포함된 행사로는 성황제, 길놀이, 전주대사습놀이, 전국 한지공예대전, 한시와 서화백일장 등이 있다. 전북 도지사와 전주 시장 등이 성황제에서 제사를 올림으로써 풍남제가 시작되고, 기관장들이 이러한 신성한 제례를 주관함으로써 세속성을 뛰어넘는 정당성을 상징적으로 확보하는 기회를 갖게 된다. 성황당 자체는 전주 지역을 상징하는 초자연적 공간으로 대우되며, 이를 통해 전주가 하나의 공간임을 사람들에게 인식시키게 되는 것이다.

남원의 춘향제는 초파일을 중심으로 5~6일 동안 남원 광한루와 시내 곳곳에서 행진과 행사가 벌어진다. 원래 춘향제는 5월 단오제에 행해졌으나 농번기라 하여 4월 초파일로 행사 날짜를 바꿨다. 춘향제는 1930년에 권번의 기생에 의해 사당에서 춘향에게 제사를 지내는 것으로 시작되었다. 일제시대에 남원의 유지들이 춘향의 지조와 정절을 널리 퍼뜨리기 위해서 이들 주도로 춘향제가 단순 제사에서 축제 형식으로 바뀌어 치러지게 된 것이다. 춘향제가 점차 남원을 전국적으로 알릴 수 있는 상품으로 인식되자 춘향의 이미지를 살릴 수 있는 것뿐만이 아니라 남원의 국악 이미지를 접목하여 춘향과 국악을 중심으로 하는 행사가 되었고 여기에 시민들을 위한 여러 다양한 행사가 부가되었다. 첫 날의 춘향 묘 참배, 춘향 사당에서의 전통적 제례 행사부터 시작해서, 전국 판소리 명창대회, 춘향일대기 재현 길놀이, 농악공연, 고전 군무, 판소리 완창발표회, 창무극 춘향전, 춘향 선발대회, 이도령 선발대회, 춘향 연극, 춘향 영화제 등의 행사들이 이어진다.[27]

단오제 중에서 가장 많이 알려져 있는 것은 강릉의 단오제이다. 강릉단오제는 단오굿, 단오놀이 등으로 불렸던 것으로 일제하에 잠시 중단되었다가 강릉 상인들에 의해서 계속해서 명맥이 이어져 내려왔던 것으로 1967년에 중요 무형문화재 제13호로 지정되었다. 강릉단오제가 열릴 때는 일시적으로 유동인구가 10만 명 이상이나 증가한다고 한다. 강릉단오제는 문화원이 사단법인체가 되면서 행사 주체가 시청에서 문화원으로 이관되었고 민간 주도의 틀을 만들게 되었다. 단오제 구성의 가장 큰 특징은 행사의 대부분이 민간 주도로 펼쳐진다는 것이다.[28]

지역주민들에 의하면, "일제시대 이전에는 '고을 원님'이 제비를 마련하여 상공 계층이 대다수 참여하는 행사였고, 해방 이후에도 시장사람들이 중심이 되어 치러졌다. 현재에도 강릉 내 기업인과 상인들이 단오제 운영비를 찬조하는 것이 당연한 일로 여겨진다. 문화재로 지정되기 이전에는 일부 시장인들이 무당에게 숙식을 제공하고 자금을 모아 행사를 마련하였다"[29]고 한다.

단오제는 대관령에 있는 국사서낭신(범일국사)과 대관령산신(김유신장군), 대관령국사 여서낭신(정씨가의 딸)에게 지내는 제의로서 이 중 특히 국사서낭신이 가장 중시되며, 강릉 출신이거나 강릉과 유관한 인격신을 정신적 구심점으로 봉안하는 신성축제이다.

강릉단오제가 언제부터 행해졌는가에 대한 정확한 기록은

없고, 조선 중기 이후 본격적으로 등장하게 되었다는 것이 일반적으로 받아들여지고 있다. 예국의 무천제가 점차 산신제와 성황제로 바뀌면서 전승되다가 현대에 이르러 강릉 고유의 전통문화를 중심으로 한 지역 전통의 향토축제로 자리매김하고 있는 것으로 간주된다.

단오제 행사는 고대 제천행사의 유풍으로서 풍농제와 풍어제, 마을 수호, 행로 안전, 재액 방지 등의 기원을 겸한 종합 향토신제로서, 전통적인 무속굿과 유교적 제례가 치뤄지는 유불선무격의 종합성을 보여 준다. 무언극인 관노가면극이 서낭신제 가면극으로 행해지는 단오제는 경건한 신앙심과 먹고 마시고 춤추는 질펀한 놀이 그리고 실속 있는 경제 행위가 어우러진 축제의 한 형태로 자리를 굳혀가고 있다.

매년 약간의 변동은 있지만, 단오제 행사는 크게 나누어서 지정문화재 행사가 14종목, 민속행사가 13종목, 예술행사가 6종목, 체육행사가 7종목, 경축행사가 5종목, 야간 공연 3종목 등으로 구성된다.

좀더 구체적으로 살펴보면, 지정문화재행사에는 신주근양(제사에 쓰일 술을 빚는 모습 재현), 산신제, 국사서낭제, 구산서낭제, 여성황당 봉안제, 국사서낭행차, 조전제, 무격굿, 송신제, 관노가면극, 농악경연대회, 학산오독떼기(학산농요보존회) 등이 있다.

민속행사에는 한시백일장, 향토민요경창대회, 전국시조경창대회, 줄다리기대회, 씨름대회, 그네대회, 강릉사투리경연대회, 궁도대회, 투호대회, 단오장기대회, 전국장사씨름대회, 전통민속예술팀 초청공연(평택농악보존회, 하회별신굿 탈놀이 등), 택견시범 등이 있다.

예술행사로는 단오제 풍물사진공모전, 학생사생대회, 백일장, 동화구연대회, 단오풍물사진전시회, 미술전시회 등이 있다. 체육행사로는 테니스 대회, 농상축구정기전, 탁구대회, 야구대회, 태권도 대회, 케이트볼 대회, 역전마라톤 대회 등이 있다.

경축행사로는 성황신 모시기, 단오등 띄우기, 불꽃놀이, 단오제 경축 고공낙하시범 등이 있다. 야간공연으로는 국악공연, 연극공연, 사물놀이 등이 있다.

강릉단오제는 총 행사비가 4억여 원이 소요되며, 단오제 행사를 위한 비용의 대부분이 이 지역의 대소 상인들에 의해 충당되고 있다. 각 행사별로 그 행사를 후원하는 사업체가 일정하게 정해져 있어서 각 행사를 맡은 사업체에서는 단오제행사를 위한 예산을 미리 지정해 둔다. 즉 단오제행사에 대한 찬조금은 사업체의 고정된 지출에 속하는 것이다.

현재의 단오제는 놀이나 의례로서의 목적 이외에 오히려 강릉단오제라는 행사를 유지시키고 성장시키는 것 자체가 중요한 목적이 되었다. 단오제 행사의 조직과 준비에 가장 중요한 비중을 차지하는 단체가 강릉단오제 보존회라는 단체이다. 이 단체는 제전부, 문화부, 관노가면부 등 총 40여 명으로 구성되어 있으며, 인간문화재인 제관이 회장이고 제전부장이 총

무이다. 자금조달이나 행사문제점 등에 대한 토의는 위원장, 부위원장(5명), 감사 2명, 위원 70여 명(지역 유지들로 구성됨)에 의해 행해진다. 단오제 행사의 전체적인 기획은 문화원에 의해서 행해지지만, 보존회는 실제 연행에 참여하면서, 특히 문화재 지정과 관련된 '전통적인' 행사의 수행을 주요 임무로 하고 있다. 이 보존회에 속한 사람들이 사실상 단오제를 연희하는 사람들이기 때문에 이 축제로부터 직접적인 영향을 받고, 또 생업은 아니라 하더라도 경제적인 이해관계가 연관되는 경우가 많다고 한다.

아래의 강릉문화원 관계자와의 인터뷰 내용에서 현재 강릉에서 받아들여지고 있는 단오제의 의미를 잘 이해할 수 있다.

"강릉단오제는 예나 지금이나 같다. 강릉에서 돈이 수십억이 있는 사람도 강릉단오장에서 풀빵 하나 사고……단오장에 가지 않으면 안 되는 것으로 정착이 되었다. 강릉사람이라면 당연히 단오장에 나가야 하는 것이다. 서울에 간 사람들이 내려오기도 한다. 어떤 사람들은 무당이 굿을 한다고 단오장을 미신이라고 말하는데, 그것은 그렇게 보는 것이 아니라, 민속, 전통을 원형 그대로 전승한다는 것이 중요한 것이다. 강릉단오제는 한마디로 화합의 장이다. 거기에 가보면 할머니들이 몇 백 명씩 있고, 잠을 거기서 자기도 한다. 다음 날에 좋은 자리를 남에게 뺏길까봐서이다. 할머니들은 자식들이 준 돈을 가져다 놓고 소원을 빈다. 80세가

넘은 할머니가 자기 오래 살겠다고 빌겠는가? 자식 잘 되라
고 비는 것이다. 강릉단오제는 종합민속제이기 때문에 빨리
관광자원화해야 한다. 강릉단오제에서는 사고도 횡포도 찾
아볼 수 없다. 예로부터 단오장은 무질서 속에 질서가 있다
고 보아왔다. 일제시대 때 한해(가뭄)가 나서 딱 한번 쉬었
을 뿐 그 후에는 계속 이어졌다. 일본군도 허락을 했던 것이
다. 예로부터 강릉에서는 부모가 자식에게 돈을 두 번 준다
고 했다. 한번은 설날 세뱃돈이고, 다른 한번은 단오제 때
쓰라고 준다는 것이다. 단오제 때는 애들뿐 아니라 남의집
살이하는 머슴들에게도 새옷을 사줬다고 한다. 단오날은 질
펀 먹고 노는 날이다. 강릉시민들은 한 해 농사를 시작하기
전에 단오제 때, 단장에 가서 몸을 확 푼다는 의미를 가진
것이다. 강릉시장에는 특히 신제품이 나왔을 때, 이것을 강
릉단오장에 내놓아서 평가를 받는(기회로 삼는)다."

강릉단오제는 역사적 기원이나 지역과의 직접적 연관성, 지
역주민의 관심도나 참여도에 있어서 비교적 양호한 양상을 보
이고 있다. 그러나 현재 우리 나라는 증가하는 축제 수에 비해
서 강릉단오제와 같이 긍정적인 평가를 받고 있는 축제는 그
다지 많지 않다.

한국 축제의 문제점과 해결방안

　　현대 한국 축제가 가지는 문제점으로 가장 흔히 지적되는 것은 다음과 같이 여섯 개로 나누어 정리해 볼 수 있다.

　　첫째, 관 주도형 축제의 남발로 인한 상부하달식 축제 거행의 문제가 있다. 주민의 자발적 의사와 참여에 의해 이루어져야 하는 것이 당연함에도 불구하고 행정 주도로 만들어지고 축제에 주민들이 강제적 또는 의무적으로 동원되는 경우가 많다는 것이다. 둘째는, 일회성 이벤트성 행사로 인한 경제적·시간적 낭비를 들 수 있다. 셋째, 지역주민을 비롯한 시민들의 자발적인 참여 부족과 참여 방식에 대한 논의 부족을 들 수 있고, 넷째는, 과도한 관광상품화에 따라 진정한 축제정신의 결여를 들 수 있다. 난장이라는 명목 하에 수많은 종류의 물건과 음식물들을 파는 장소로 변질되어 순수한 의미의 축제성을 희석시키며, 결국은 경제적 수입만을 올리기 위한 축제로 변하면서 축제의 본질적 의미가 왜곡되어 버린다. 다섯째는, 역사적·지역적·전통적 고유성을 담은 축제문화 전수 의지의 부족을 들 수 있다. 여섯째, 획일화의 문제가 있다. 지역축제를 급하게 조직하다 보니 이름만 다를 뿐 내용과 성격이 유사한 축제들이 남발하여 어느 지역이나 축제연행과정이 유사해지고 획일화되는 경향이 흔히 발견된다.

이러한 결점들이 첨예하게 드러날 수밖에 없는 이유는 무엇보다도 축제가 가지는 기본적인 속성에 대한 체계적인 이해의 부족에서 찾을 수 있을 것이다. 무엇보다도 축제가 그 발전을 위한 가장 중요한 버팀목으로 삼아야 할 것은, 정신적 토대가 되는 신화나 역사적 전통에 바탕을 둔 공동체의식, 고유한 역사의식을 공유하는 집단 공동체로서의 참여 주체, 이들이 살고 있는 지역적 고유성과 정체성 그리고 자부심의 확인이다. 대부분의 축제는 특정 사회의 문화현상이기 때문에 민족적 연원을 가질 수밖에 없고, 그렇기 때문에 공동체적 전통과 결합되지 않은 축제는 표피문화의 현상적이고 일시적 표현에 그치기 쉽다.

위에서 지적한 문제점을 해결하기 위해서 염두에 두어야할 몇 가지를 제시해 보자. 물론 이러한 견해들은 오랜 시간을 필요로 하는 것이며, 보다 심층적인 조사와 연구를 병행해야하는 것이기도 하다. 단기간의 즉각적인 효과만을 원한다면 결코 이룰 수 없는 방안이라고도 볼 수 있을 것이기 때문이다.

첫째는, 축제 참여자들 간에 지역적·문화적 공감대를 마련해야 한다. 축제가 연희되는 곳의 지역적 맥락과 잘 어울리고, 그것에 주민이 기꺼이 동참할 수 있을 정도의 공감대를 가지기 위해서는 주민 각자가 원하는 것이 무엇인지에 대한 심도 깊은 연구가 있어야 한다. 단지 특정한 축제를 조직하고자 하는 사람들의 의도에 따라 비자발적인 주민들을 강제로 모으는 것은 축제 자체의 효과뿐만 아니라 공동체의식의 함양에 오히려 부정적 영향을 미치게 될 것이기 때문이다.

둘째, 축제는 공동체의식의 표현이지 수단이 될 수 없다. 우리가 가장 혼동하고 있는 것이 바로 이 점이다. 축제는 공동체의식의 표현이거나 기존의 것의 강화이지, 존재하지도 않은 공동체의식이 몇 번의 축제행사로 생겨나는 것은 아니라는 점이다. 즉 축제보다 우선되어야 하는 것이 바로 공동체의식이라는 점이다. 물론 축제를 통해서 평소에 강하게 의식하고 있지 못하던 공동체의식의 존재를 확인하면서 상호간에 일체감과 동료의식을 더욱더 절실하게 느끼는 것은 사실이다. 따라서 마치 공동체의식이 무에서 유로 창조되는 듯한 생각을 갖게 되지만, 그것을 의식하지 못하고 있었을 뿐 이미 무의식 속에는 분명히 존재하고 있었던 의식이다. 축제를 통해서 의식적으로 공동체적 정체성을 재확인하면서 안도하게 되는 것이기 때문에 정기적인 축제가 필요한 것이지, 황량한 황무지에 아무리 축제를 그럴듯하게 펼쳐놓는다고 해서 공동체의식이

저절로 생겨나는 것은 아니라는 것이다.

축제 연희에는 때로 상당히 많은 자금이 필요하지만, 사실 축제 비용은 그다지 중요한 것이 아니며 모든 사람들이 원하기만 한다면 충분히 단기간에 충당될 수 있다. 그러나 축제의 정신은 결코 하루아침에 만들어지는 것이 아니다. 즉 축제는 단지 그것이 가지는 외면적 의미가 아무리 좋아도 존재하지 않던 공동체의식을 단번에 만들어내지는 못한다. 공동체의식이 성숙하기 위해서는 절대적인 시간이 필요하기 때문이다. 단지 그러한 분위기 조성과 가능성은 충분히 제시해줄 수 있고, 그것만으로도 축제를 벌일 만한 충분한 가치가 있음은 자명하다.

셋째, 관 주도적 이미지를 청산해야 한다. 특히 전통축제인 경우에 마을의 제례나 성황제 등에 제례를 올리는 사람이 도지사나 시장인 경우가 많다. 어느 것보다도 바로 이것이 관 주도라는 인상을 가장 강하게 주는 것이라 볼 수 있다. 이런 관행적 행사 때문에 주민들 스스로 이 축제는 나의 축제라는 인식을 갖기 힘든 것이다. 축제 속에서는 모두가 평등해져야 한다. 축제 속에 들어간다는 것은 세속을 벗어나는 것임에도 불구하고 우리는 축제 속에 세속성을 그대로 옮겨놓는 것을 서슴지 않는다.

넷째, 마을문화를 정착시켜야 한다. 산업화와 도시화가 가속화된다고 해서 마을 문화가 없어지는 것은 결코 아니다. 마을은 지역 집단의 가장 기본적인 단위이고, 지역 집단이 견실하게 구성되기 위해서는 마을문화가 견고해야 함은 분명하다. 도저히 감당할 수 없는 정도로 빨랐던 경제 발전이 당장 배는 부르게 하였지만, 사람들 마음속의 구심점을 다지는 데는 그다지 큰 힘을 발휘하지 못하였다. 이것은 또한 단시간에 돈으로 해결될 수 있는 문제도 아니다. 마을 수준의 인재와 소공동체모임, 민간집단의 육성 등이 동시에 진행되지 않으면 이 문제는 해결되지 못할 것이다.

다섯째, 축제는 남에게 보이기 위한 것보다는 스스로의 자긍심과 자부심의 표현이어야 한다. 축제가 생동하고 살아 있는 것이 되기 위해서는 축제를 만들고 참여하고 즐기는 과정에 기꺼이 기쁜 마음으로 참여하고 싶을 정도로 보람을 느끼는 것이어야 한다. 그것이 물질적인 보상일 경우에는 비록 외면적으로 거대해 보여도 일회성 이벤트로 끝나버리지만, 그것이 정신적인 충족감을 주는 것이라면 비록 화려하지는 않아도 계속 이어질 수 있을 것이다. 남에게 보이기 위해서 꾸미는 축제는 한계를 가질 수밖에 없다. 매년 새로운 것을 새롭게 만들어 보여줄 수는 없기 때문이다. 중요한 것은 그 축제에 직접 참여한 사람이 기꺼이 즐겁게 즐기고자 하는 자발적인 의지를 가졌느냐 하는 것이다.

특히 이 문제는 축제의 관광자원화 문제와 연결되어 자주 논의되는 부분이기도 하다. 현재 한국에서 상당히 취약한 부분이지만, 앞부분에서 자주 언급되었던 유럽의 축제들에서는 축제의 관광자원화가 대단히 성공적으로 진행되고 있다. 이러한 축제들은 대부분 그 축제가 연희되는 지역적 정체성이 축제연희현상을 통해서 극적으로 표현되는 곳에서 분명히 나타난다. 즉 축제에 자발적으로 참여하는 주민들은 지역의 고유한 종교적 특성이나 역사, 신화나 전설, 상징물들을 정확히 인지하고 있었고, 이것을 축제 속에 흡수시켜서 전통적인 삶의 양식이 현대적인 삶 속까지 자연스럽게 연결되도록 노력하고 있음을 알 수 있다. 이것을 토대로 해서 현대인의 관광문화적 욕구를 적절히 충족시킬 수 있는 다양한 요소들을 본래의 축제가 가지는 고유한 의미가 희석되지 않는 범위 내에서 축제에 첨가시키면서, 오랜 역사를 가지는 축제들에 현대성을 부여하려는 새로운 시도를 지속적으로 하고 있는 것이다. 즉 전통성과 현대성이 축제 속에서 조화롭게 승화되고 있는 것이다. 즉 지역주민들이 가지는 정치적 견해 차이, 경제적 위상의 차이, 중앙과 지방의 불균형성 등은 단지 갈등과 분쟁의 요소로서만 남아 있는 것이 아니라 대단히 중요한 지역적 특성을 드러낼 수 있는 요소로 새로 태어날 수 있음을 여러 축제에서 볼 수 있었다.

급속도로 변화하고 있는 현대 사회에서 전통적인 요소가 비록 즉각적인 효용성을 보여 주고 있지는 않지만, 장기적인 측면에서 볼 때, 이것은 현재의 세속적인 일상에 가치를 부여하고 결국은 보다 나은 미래의 삶의 방향을 설정하는데 중요한 지침서의 역할을 하는 것임은 분명하다. 특히 이것은 정신적 구심점으로만 머물지 않고, 현대인이 일상생활에서 구체적으로 느끼는 다양한 욕구를 충족시키는 현실적인 대안으로서의 실질적인 기능을 하기도 한다는 점이 분명하다. 이런 차원에서 현대인들이 아직도 방황하면서 찾고 있는 축제에서 전통적 요소를 찾아내고 발전시킨다면, 그것은 전통의 축제적 재창조뿐만 아니라 지역적, 국가적 문화정체성의 확립 그리고 개개인의 삶의 정체성을 확인한다는 점에서도 대단히 유용한 기회를 제공하리라 본다.

이 책에서 필자가 시종일관 밝히고자 했던 바는 축제에 대한 고찰은 곧 '삶'에 대한 고찰이라는 점이다. 이러한 과정에서 우리는 과연 축제를 벌이고 즐길 수 있는 삶의 뿌리를 굳건히 내리고 있는가라는 생각을 깊이 해볼 수 있다. 아직도 대박과 한탕주의, 황금만능주의, 출세지향주의, 조급함 등이 우리의 일상을 절대적으로 지배하고 있는 것이 사실이라면 우리에게 축제가 안정된 자리를 잡을 수 있을까 하는 점을 의심하지 않을 수 없기 때문이다. 결국 축제에 대한 고찰은 놀고 즐기는 그 자체에 대한 고찰이라기보다는 바로 내가 살고 있는 삶, 그것의 본질에 대한 고찰이어야 한다는 점을 잊어서는 안 될 것이다.

주

1) 허용선, 『두산백과』, (www.EnCyber.com) 참조.

2) Wunenburger, J.J., *La Fête, le jeu et le sacré*, Universitaires, Paris, Ed. 1977.

3) Fabre, D., "Le Monde du Carnaval: analyse des rites et des symbols de la fête carnavalesque", *Annales*, mar/avril, 1976.

4) Bakhtin, M., *Rebelais and His World, Blooming*, IN, Indiana Univ. Press, 1984.

5) Turner, V., "Carnaval in Rio: Dionysian Drama in an Industrializing Society", *The Celebration of Society: Perspectives on Contemporary Cultural Performance*, Bowling Green Univ., 1983 pp.103-124.

6) Kelly, J. & M. Kaplan, "History, Structure and Ritual", *ARA*, 19 1990, pp.119-150.

7) Bessaigner, P., "Fêtes traditionnelles et urbanisation dans l'ancien Comté de Nice", *communication au premier congrès d'ethnologie Européenne, 1975*, Paris, Sep. 1971, Université de Nice, Laboratoire d'Ethnologie.

8) Gordon, D., *Les fêtes travers les âges: leur unité, l'origine du calendrier*, Arma Artis, 1983.

9) Gueusquis, M.C., "Le Masque dans la tradition européenne", *Ethnologie française*, vol.1, 1976.

10) Isambert, F.A., *Le sens du sacré: fête et religion populaire*, Minuit, Paris, 1982.

11) Cox, Harvey, *La fête des fous: essai théologique sur les notions de fête et de fantasie*, Seuil, Paris, 1971 (*The Feast of Fools: A Theological Essay on Festivity and Fantasy*, Cambridge, Mass., 1969).

12) 윤선자, 「프랑스 대혁명기(1789~1799)의 민중축제와 엘리트 축제에 관한 연구」, 고려대학교 대학원 역사학과 박사학위논문, 2001.

13) 윤선자, 같은 책, pp.10-11.

14) Leach, E., *Rethinking Anthropology*, London, Athlone Press, 1961.

15) Balandier, G., *Anthropologie politique*, PUF, Paris, 1967.

16) 장 뒤비뇨, 류정아 옮김, 『축제와 문명』, 한길사, 1998.

17) Mauss, M., "Essai sur le don", *Sociologie et Anthropologie*, PUF, Paris, 1950(『증여론』, 이상률 옮김, 류정아 해제, 한길사, 2002).

18) Boyd, D. J., "The Commercialisation of Ritual in the Eastern Highlands of Papua New Guinea", *MAN*, vol.20, no.2, 1985, pp. 325-340.

19) 이기철, 「베네치아의 카니발: 조직과 행사내용을 중심으로」, 『유럽의 축제: 지역축제에서 세계축제로』, 연세대학교 국제화 특성화 연구단 <문화연구> 심포지엄 발표집, 2002, p.269 참조.

20) Van-Gennep, A., *Les rites de passage*, Picard, 1981(1909).

21) 존 맥 외, 윤길순 옮김, 『마스크: 투탄카멘에서 할로윈까지』, 개마고원, 2000 참고; 장-루이 베드인, 이강렬 옮김, 『가면의 민속학』, 경서원, 1986 참고.

22) Mesnil, M., *Trois essais sur la Fête: Du folklore à l'ethno-sémiotique*, Université de Bruxelles, 1974.

23) 이슬람에서 축제를 의미하는 이드(EID)라는 단어는 고대 아랍어에서 차용된 말로 즐거움, 기쁨, 고통, 슬픔의 주기적인 전환 또는 반란을 뜻한다. 두 종류가 있는데, 이슬람력으로 9월인 라마단 달에 행하는 것으로 단식을 마치고 10월 1일에 '단식을 깨는 축제(EID al-Fitr)'와 이슬람력 12월 10일에 '희생제물을 바치는 축제(DIE al-Adhar)'가 있다.(압둘 아지르, F. 알-렙의 글, 『두산백과』).

24) 이기철, 같은 책, pp.54-55 참조.

25) 신자영, 2002, 「팜플로나의 산 페르민 축제」, 『유럽의 축제: 지역축제에서 세계 축제로』, 연세대학교 국제학 특성화연구단 <문화연구> 심포지엄 발표논문 참조.

26) 오정숙, 「망똥의 레몬 축제: 특산물 축제에서 관광문화 축제로」, 『유럽의 축제: 지역축제에서 세계 축제로』, 연세대학교 국제화 특성화 연구단 <문화연구> 심포지엄 발표논문집, 2002, pp.32-38.

27) 이정덕, 「지역축제와 지역정체성: 풍남제와 춘향제 사례를 통해」, 『축제, 민주주의, 지역활성화』, 새길, 1999 참조.

28) 이 민간주도라는 측면은 그 정도에 있어서 많이 논의가 필요한 부분이나, 이 책에서는 이점에 대한 자세한 언급을 하지

않을 것이다.
29) 정은주, 「향토축제와 '전통'의 현대적 의미」, 서울대 석사학
   위 논문, 1993.

참고문헌

게하르트 마르틴, 『축제와 일상』, 한국 신학 연구소. 1985.

김우승, 「러시아의 기독교 신앙과 민간신앙」, 『사회과학연구』, 제13집, 1996.

뒤비뇨 J., 류정아 옮김, 『축제와 문명』, 한길사, 1998.

로저 카이와, 이상률 옮김, 『놀이와 인간』, 문예출판사, 1996.

류정아, 『전통성의 현대적 발견; 남프랑스 마을의 축제문화』, 서울대출판부, 1998.

_____ 「축제, 그 현대적 의미와 표상: 축제성(festivité)의 변신과 재적응」, 『축제와 문화』, 유럽문화정보센터, 연세대출판부, 2003.

_____ 「프로방스의 마을축제와 지역정체성: 수레축제와 타라스크 축제를 중심으로」, 『유럽의 축제문화』, 유럽문화정보센터, 연세대출판부, 2003.

문화개혁을 위한 시민연대, 『지역축제 실태조사 및 개혁방안 연구 종합보고서』, 2002.

문화관광부, 『'99지역문화행사현황』, 1999.

문화체육부, 『한국의 지역축제』, 1996.

민속학회편, 『민속놀이와 민중의식』, 집문당, 1996.

『세계의 대축제』, 동아출판사 편, 동아출판사, 1995.

송영규, 『프랑스의 세시 풍속』, 만남, 2001.

심재선, 「러시아 민중종교의 형상과 마슬렌니짜 축제」, 한국외대 석사학위논문, 1998.

엘리아데 M., 이은봉 옮김, 『성과 속』, 한길사, 1998.

여홍상 엮음, 『바흐친과 문화이론』, 문학과 지성사, 1995.

이강렬, 『민속과 축제』, 원방각, 1990.

이상일 엮음, 『놀이문화와 축제』, 성균관대학교 출판부, 1996.

이상일, 『축제와 마당극』, 조선일보사, 1986.

이상일, 『축제의 정신』, 성균관대학교 출판부, 1998.

임영상, 「러시아 정교회와 종교축일: 봄철 축일을 중심으로」, 『서양사론』, 56호, 1998.

장-루이 베드안, 이강렬 옮김, 『가면의 민속학』, 경서원, 1986.

장병권, 「한국 지역축제의 시대별 특성변화에 대한 연구」, 『사회학연구 논문집』, 제7권, 제1호, 2001.

장은주, 『지방자치단체와 이벤트사업 활성화방안』, 한국지방행정연구원, 1996.

정근식 편저, 『축제 민주주의, 지역활성화』, 샛길, 1999.

정은주, 「향토축제와 '전통'의 현대적 의미」, 서울대 석사학위논문, 1993.

정한모, 『한국의 축제』, 한국문화예술 진흥원, 1987.

존 맥 외, 윤길순 옮김, 『마스크: 투탄카멘에서 할로윈까지』, 개마고원, 2000.

지라르 R., 『폭력과 성스러움』, 민음사, 1993.

채희완, 『탈춤의 사상』, 현암사, 1980.

쿤 U. 하인 편, 심희섭 옮김, 『유럽의 축제』, 컬쳐라인, 2001.

호이징가 J, 『놀이하는 인간』, 홍성사, 1985.

Allard, G et Pierre Lefort, *Le Masque*, PUF, 1984.

Baroja, J. B., *Le Carnaval,* Gallimard, 1965.

Breton, S., *La Mascarade des Sexes,* Calmann-Lêvi, 1989.

Caillois, R., *L'homme et le sacré*, folio, 1950.

Caillois, R., *Le Myth et l'homme*, Gallimard, 1983.

David D. Gilmore, "Carnival and Culture", *Sex, Symbol, and Status in Spain*. Yale Univ. Pr., 1999.

De Sike, Y., *Fêtes et croyances populaires en Europe,* Bordas, 1994.

Edelgard E. DuBruck, *Aspects of fifteenth century society in the German carnival comedies,* Edwin Mellen Press, 1993.

Eliade, Mircea(ed) *The encyclopedia of Religion.* Macmilan, 1987.

Fabre, D., "Le Monde du Carnaval: analyse des rites et des symbols de la fête carnavalesque", *Annales,* mar/avril, 1976.

Gets, D., *Festivals Special Event and Tourism,* New York 1991 : Van Nostrand Reinhold Helmut Teissl, *Carnival in Rio,* Abbeville Press, 2000.

James B. Twitchell, *Carnival culture,* Columbia University Press, 1992.

Johan Huizinga, *Homo Ludens,* Harlem, 1987.

Lévi-Strauss, C., *La Voie des Masques,* Plon, Paris, 1975.

Maertens, J.-T., *Le Masque et le Miroir: Essai d'anthropologie des revêtements faciaux, Aubier Montaigne,* Paris, 1978.

Mesnil, M., *Trois essais sur la Fête: Du folklore à l'ethno-sémiotique, Université de Bruxelles,* 1974.

Padraic Kenney, "A Carnival of Revolution", *Central Europe 1989.* Princeton Univ. Pr., 2002.

Pericles Boutos, *Venice Carnival Unmasked: Carnival Unmasked.* Charta., 1999.

Schechner, R., *By means of performance: Intercultural studies of theatre and ritual,* Cambridge university press, 1991 (1990).

Turner, V. *Celebration, Studies in Festivity and Ritual,* Smithsonian Institution Press, Washington, 1982.

Turner, V. *The Ritual Process: Structure and Anti-Structure,* Routlege & Kegan Paul, London, 1969.

Wunenburger, J.J., *La Fête, le jeu et le sacré,* Paris, Ed. Universitaires, 1977.

축제인류학

| 펴낸날 | 초판 1쇄 2003년 7월 15일 |
| | 초판 4쇄 2010년 5월 25일 |

지은이	류정아
펴낸이	심만수
펴낸곳	(주)살림출판사
출판등록	1989년 11월 1일 제9-210호

경기도 파주시 교하읍 문발리 파주출판도시 522-1
전화 031)955-1350   팩스 031)955-1355
기획·편집 031)955-1395
http://www.sallimbooks.com
book@sallimbooks.com

ISBN 978-89-522-0110-2   04380